Pit Vogt
WEIHNACHTS WUNDER
Gedichte für meine Mama

Design & Layout: Pit Vogt

Impressum

Herstellung und Verlag:
BoD - Books on Demand, Norderstedt
ISBN 978-3-7431-1308-4
© 2016

Weihnachtsengel

Weihnachtsengel sag mir mal:
Ändert sich mein Leben?
Action will ich allemal!
Meine Wünsche sind nicht schmal!
Hab auch was zu geben!

Weihnachtsengel sing mir jetzt
laut ein Lied vom Frieden!
Dass kein Mensch mehr schwer verletzt!
Dass kein Kriegstreiber mehr hetzt!
Dass sich Menschen lieben!

Weihnachtsengel, sei nicht scheu,
bring mir tausend Träume!
Auf ein Auto ich mich freu!
Einen Partner, lieb und treu!
Sommerurlaubsbräune!

Weihnachtsengel bring mir fein
Glück und schöne Sachen!
Sollte das nicht möglich sein,
mach gesund mich, stark und rein!
Lass mich wieder lachen!

Wege

Wege zwischen mir und dir
Atemluft, die knapper wird
Schlaflos bis die Nacht um 4
Denken zwischen
Dort und Hier
Wenn sich mancher Traum verirrt

Hoffnung auf ein neues Sein
Nur im Kopf – das reicht noch nicht
Alles nur ein schöner Schein?
Alles grob und nicht sehr fein!
Dumpfes, trübes Nebel-Licht

Wo ist Heimat, sag mir wo?
Fremde Menschen überall
Hier wird niemand richtig froh
Bald flieh ich nach Anderswo
Doch bis dahin:
Freier Fall!

Aufstehen

Deine Träume: *längst zerrissen*
Weißt nicht mehr, wies weitergeht
Alle Hoffnung scheint zerschlissen
Vieles willst du nicht mehr wissen
Alles Glück vom Wind verweht?

Wie konnte es nur so weit kommen?
Nebel wabert durch dein Hirn!
Wolltest dich doch niemals schonen
Aller Aufwand sollt sich lohnen
Schon vergilbt der teure Zwirn?

Deine Panik macht dich mürbe
Atemnot schwächst deinen Leib
Willst, dass es mal besser würde
Doch du scheiterst vor manch Hürde
Viel zu schnell vergeht die Zeit

Doch du bleibst nicht lang so liegen
Du willst weiter, suchst nach Kraft
Jagst sie fort, die Angst, die Lügen
Du willst endlich wieder siegen
Lebst den Traum
Und hast´s geschafft

Gedanke

Wie kann ein Mensch nur so viel hassen
Sie wollen töten – möglichst viel
Sie schießen um sich, kaum zu fassen
Für ihren Glauben – nicht zu spaßen
Ein Todes-Staat, ihr Wahnsinnsziel

Sie reisen quer durch alle Länder
In dieser Welt geht's einfach so
Versteckt in düstere Gewänder
So manche Waffe, Todessender
Gleich morden sie
Gleich sind sie froh

Schon einmal gab´s nur Tod und Leichen
Schon einmal wollte man den Sieg
Wie all die Bilder sich doch gleichen
Das Böse will und kann nicht weichen
Es will nur Angst und Mord und Krieg

So viele sind bereits gestorben
Das Gute scheint im Rückzug schon
Und wieder ziehen an manch Morgen
Die blutgetränkten Mörderhorden
Und suchen einen neuen Thron

Was bleibt am Ende von dem Grauen?
Wohl nur des Menschen Untergang!
Kann man dem Frieden doch noch trauen?
Soll schnell man wieder Mauern bauen?
Die Grenzen schließen mit Gesang?

Nein, nichts für Träumer diese Zeiten!
Krieg und Dummheit schäumt vor Wut!
Lasst euch nicht vom Hass vertreiben
Lernt das Kämpfen
Lernt das Bleiben
Sonst wird zu dick das warme Blut

Jagt jetzt fort die schwarzen Teufel
Denn sie kennen Liebe nicht
Gebt nicht Raum dem ewgen Zweifel
Dass man schwach wär vor dem Teufel
Gebt allem Frieden wieder Licht

Gewissheit

Wenn der Himmel wieder blauer
Die Natur sich friedlich zeigt
Wenn der Wald ganz ohne Trauer
Kein Gewitter oder Schauer
Weiß ich, dass der Sommer bleibt

Wenn die Wiesen-Hüpfer springen
Vogelzwitschern überall
Will ich Sommerlieder singen
Wird das Jahr wohl gut gelingen
Will ich baden gehen mal

Nacht

Wilder Stern am Himmelszelte
Feuerschweif an seinem End
Um mich wabert eisge Kälte
Heftig zittern mir die Händ

Alle Nacht bringt kein Erbarmen
Doch der Morgen ist nicht weit
Kann den Stern noch nicht enttarnen
Er zischt krachend durch die Zeit

Aber dann: Der Sonnenmorgen!
Junger Tag füllt neu die Welt
Fort die Angst, der Stern, die Sorgen
Und ich hoff, dass lang er hält

Oft sehnt´ ich mich

Oft sehnt´ ich mich nach dem, was bleibt
Dem kleinen Stück Geborgenheit
Das ich mal find ein kleines Stück
Vom viel zu weit entfernten Glück

Oft sehnt´ ich mich nach etwas Zeit
Dem Stück Provinz, der Spießigkeit
Dem Wandern durch manch dichten Wald
Der Ruhe, wenn ich einmal alt

Oft sehnt´ ich mich nach einem Traum
Sehnt´ mich nach Leben und nach Raum
Da wollt´ ich ziehen durch die Welt
Um das zu spüren, was noch zählt

Doch bleibt von meiner Seligkeit
Manchmal nur noch die Schüchternheit
Dann treibt mich nur die Hoffnung an
Dass ich es doch mal schaffen kann

Übers Feld

Übers Feld streicht sacht der Wind
Unterm Hochsitz bleib ich stehn
Fühle froh mich wie ein Kind
Will die Sonn, den Himmel sehn

Weiter führt mein Weg zum Wald
Dunkel liegt er dort vor mir
Wandern will hier Jung und Alt
Zwischen manchem Waldes-Tier

Irgendwo dann eine Rast
Lausche jener Stille, ach
Heut in der Natur zu Gast
Unterm dichten Blätterdach

Was ist´s

Was ist´s, das uns zum Menschen macht
Die Macht, der Reichtum oder Geld?
Vielleicht, wenn hell die Sonne lacht
Was ist´s, das uns zum Menschen macht?
Vielleicht die Sicht auf unsre Welt?

So mancher lebt in Saus und Braus
Er zeigt sich oft und protzt sehr gern
Doch hält als Mensch er´s wirklich aus?
Will er nicht raus aus seinem Haus?
Ist ihm das Menschsein wirklich fern?

Ein andrer wieder ist sehr arm
Er fühlt sich gut, doch meistens schlecht
Im Winter ist´s nicht immer warm
Er hat´s am Herzen und am Darm
Doch lebt er auch, mal schlecht, mal recht

Was kann es sein, dass wirklich zählt?
Was ist´s, dass du ein Mensch mal bist?
Vielleicht ist´s das, was uns erhält?
Die Liebe und die eigne Welt?
Wenn dich ein anderer nicht vergisst?

Wohl kann man Kind, mal weise sein
Für jeden gibt es eine Welt
Mal ist es klar, dann wieder Schein
Mal Wasser und mal süßer Wein
Für jeden das, was für *IHN* zählt

Weihnachtswunsch

Wenn die Weihnachtsglocken hallen
Wenn es draußen eisig ist
Wenn die Schneekristalle fallen
Wenn die Weihnachtslieder schallen
Wenn du in der Ferne bist

Werde ich so Vieles träumen
Hoffte ich, du kämst recht bald
Wenn der Schnee liegt auf den Bäumen
Werd ich von uns beiden träumen
Und vom kalten Winterwald

Plötzlich stapft durchs Schneegestöber
Jemand durch die Weihnachtsnacht
Ach, in Stiefeln, die aus Leder
Hast du mir trotz Schneegestöber
Weihnachtswünsche wahrgemacht

Flucht

Verrückte Stadt
Verhallt mein Schrei nach Liebe
Die Menschen hier, die geben mir nichts mehr
Ich zieh davon
in aller Herrgottsfrühe
Zum fernen Ort
Der Abschied fällt nicht schwer

Am schroffen Berg,
ein Schneesturm schlägt ins Auge,
bau ich ein Zelt
Ein Bär streicht nah vorbei
Ich atme tief
Wohin ich immer schaue,
wacht Einsamkeit
Sie ist mir einerlei

Die Nacht beginnt
und Kälte zieht ins Herze
Und Sehnsucht sinnt
nach einem andern *DU*
Ich ess mein Brot
Mich wärmt nur eine Kerze
Doch irgendwie
komm ich wohl nicht zur Ruh

Mein Licht verlischt
Die Müdigkeit erdrückt mich
an jenem Berg
Der Sturm zog lang vorbei
Gedankenflug
Der Mond scheint unerbittlich
ins Zelt hinein
und leckt die Seele frei

Aus meinem Traum
entsteigt ein fremdes Wesen
So wunderschön
Und mir wird's langsam warm
Mir ist's,
als sei es immer hier gewesen
Ich spüre Glück
Vorbei der alte Gram

Doch bleibt nur kurz
dies sagenhafte Wunder
Es flieht die Nacht
Und fliehen will mein Traum
Er schien so nah
Nie war ein Märchen bunter
Doch blieb in meiner Seel
am Ende doch nur Schaum

Ein neuer Tag
holt mich aus meinem Schlummer
Der Berg ruht stumm
Ich kriech aus meinem Zelt
Die Einsamkeit bringt
Trauer, Tränen, Kummer
Und ich brech auf,
zieh wieder in die Welt

Verweht die Nacht,
zerfallen mit den Träumen
Jenseits Bergs
erkenn ich plötzlich *DICH*
Und meine Spur verweht
schon zwischen kahlen Bäumen
Dort hinterm Berg,
da küss ich Dein Gesicht

Ende

Er ging den weiten Weg hinaus
Es war ein neblig, trüber Tag
Der Morgen sah wie jeder aus
Da ging er fort von seinem Haus
Sein Blick, so starr und ohne Frag

Ein Regenschauer zog ins Land
Hier draußen, wo sonst keiner lebt
Er hat die Fotos längst verbrannt
Nur Einsamkeit lag überm Land
Für seinen Traum war´s längst zu spät

Sein Leben ließ er weit zurück,
in diesem Haus, am stillen Wald
Er suchte nicht mehr nach dem Glück
Und ließ die Hoffnung weit zurück
Und war erst fünfzig Jahre alt

Vor vierzehn Tagen war´s genau,
als er hier seinen Sohn verlor
Und wenig später starb die Frau
Es war wohl hier – ja ja, genau
Als seine Seele starb, erfror

Bis dahin schien das Leben gut
Karriere, Geld, ein Haus, ein Boot
Doch irgendwann verlosch die Glut
Mit der Familie liefs nicht gut
Und plötzlich waren alle tot

Er setzte sich auf einen Stein,
hier draußen, auf dem weiten Feld
Warum nur musste das so sein?
Am Schluss ein Kilometerstein!
Am Ende hilft nicht Gut, nicht Geld!

Noch einmal raffte er sich auf
Noch zwei, drei Schritt – irgendwohin
Was für ein allerletzter Lauf!
Warum rafft man sich immer auf?
Und wo liegt aller Lebenssinn?

Es wurde Nacht und er blieb stehn
Ein Blitzschlag nahm ihn mit sich fort
Er konnte nicht mehr weiter gehn
Er blieb nur einfach wortlos stehn
An diesem trüben schlimmen Ort

Geblieben ist ein Häuflein Staub,
das trieb in die Unendlichkeit
Ein Blitzschlag traf - es war nicht laut
Von manchem Leben bleibt nur Staub
in einer schwarzen Dunkelheit

Sein Haus ist fort, es steht nicht mehr
Man riss es ab vor kurzer Zeit
Und nur die Steine wiegen schwer
Sein Haus, sein Leben gibt's nicht mehr
Was ist's, dass nach uns übrigbleibt?

In meinem Keller

Hab heute irgendwas gesucht
Und war im Keller, auf der Flucht
Ein großes Chaos fand ich dort
An jenem schmutzig, dunklen Ort

Da war so vieles aus der Zeit,
in der ich einstmals ohne Leid
Als ich so glücklich, fröhlich war
Als ich mich fühlte wie ein Star

Ich kramte die Erinnerung aus
Hier in diesem alten Haus
All die Geschichten fieln mir ein
Mit Sekt und Bier und Nacht und Wein

Soviel erlebt – mein Gott – soviel
Mal Ernstes, meistens doch nur Spiel
Doch blieb ich selten mal allein
Ich wünscht, so sollt es wieder sein

Denn alles, was vergessen schien,
was längst verstaubt und schon dahin,
hab ich versteckt, ganz lieb und brav
in diesem dunklen Kellerkaff

Und die Gedanken sind ganz nah
Ich hör mich singen, wunderbar
Meine Musik, Mensch, spielt doch noch
Im Keller hier, im dunklen Loch

Und plötzlich wird so vieles klar
Es sollt so sein, wies früher war
Nur noch viel besser, noch viel mehr
Das Feuer brennt noch tief in mir

Dies Kribbeln ist noch immer stark
Ich fühl mich jung an diesem Tag
Möcht wieder raus ins Leben schnell
Mich selber spürn – aus jedem Quell

Durch Nachtbars ziehn im schwarzen Hemd
Und selten schlau und durchgekämmt
Wieder verrückt sein, schräg und blöd
Das machen, was kein Mensch versteht

Wisch mir die Tränen vom Gesicht
Mensch Junge, *DU*, du musst ans Licht
Ich rück die Brille mir zurecht
Bei mir Keller war's nicht schlecht

Nach Hause

Es ist Sommer in der Stadt
Denk an Euch die ganze Zeit
Ob ihrs schön und ruhig habt
Heut, an diesem Sommertag
Ach, ihr seid so weit, so weit

Träume mich ins Elternhaus
Hier, in dieser großen Stadt
Manchmal halt ich´s kaum noch aus
Möchte fliehen, will nach Haus
Weil ich so viel Heimweh hab

Denk an all die Feste dort,
an manch gut- und schlechtes Jahr
An so manches böse Wort
Denk an all das Leben dort
So, wie es zu Hause war

Manchmal war ich voller Frust
Wollte weg, nur einfach raus
Hatt auf Heimat keine Lust
Lachte kaum, verdammter Frust!
Dabei war´s doch mein Zuhaus

Jetzt begreif ich immer mehr
Liebe fand ich nur daheim
Sehn mir meine Liebsten her
Ja, ich spür es mehr und mehr
Will im Geist bei Euch nur sein

Es ist Sommer in der Stadt
Denk an Euch die ganze Zeit
Dort, wo´s Heimweh Flügel hat
Träum ich mich aus dieser Stadt
Träum nach Haus mich, was so weit

November

Der Sturm treibt Regen übers weite Land
Es ist November und der Winter naht
Ich steh vorm Spiegel
Und ich hab mich nicht erkannt
Es zieht November durch dies viel zu kalte Land
Und in jene viel zu große Stadt

Ein Alb erscheint mir in den dunklen Nächten
Es ist November und ich bin allein
Ich träum mein Leben
Und ich hab wohl nichts vollbracht?
Es zieht November durch die viel zu kalte Nacht
Wollt doch nur einfach wieder glücklich sein

Der Morgen bringt mir eine neue Zeit
Es ist November und mich zieht es fort
Ich pack die Koffer
Und ich fühl mich nicht befreit
Es zieht November durch die viel zu kalte Zeit
Und es fällt kein einzig kluges Wort

Der Sturm treibt wieder mich nach Haus zurück
Es ist November, und noch nichts zu spät!
Ich seh die Heimat
Und ich spüre plötzlich Glück
Es brachte der November
mich nach Haus zurück
Dort, wo man mich immer noch versteht

Anderer Ort

Irgendwo in dieser Stadt
Dort, wo keiner Namen hat
Fand ich dich am Rand der Zeit
Warst zu schnellem Sex bereit
Dort, am Ende aller Zeit
Irgendwo in dieser Stadt

Warfst dir harte Drogen ein
Bloß nichts fühln! Das muss so sein!
Träume, Liebe gibt's hier nicht
Niemand schaut dir ins Gesicht
Traum und Hoffnung gibt's hier nicht
Selbst das Bier ist selten rein

Tränen netzten deinen Blick
Wolltest Freiheit, nur ein Stück
Irgendwo in dieser Stadt
Wo kein Mensch mehr Namen hat,
bliebst du hungrig, warst nicht satt
Sehnsucht netzte deinen Blick

Als ich ging, bliebst du zurück
Bliebst im Schatten, ohne Glück
Irgendwo im Hinterhaus
stirbt so manche graue Maus
Dort hälts keiner lange aus!
Kann man leben ohne Glück?

Und schon bald fuhr ich nach Haus
Hier sieht alles anders aus
Trank den Sekt, so gegen Vier
War doch noch so nah bei dir
Schloss die dicke Eingangstür
Weit entfernt vom Hinterhaus

Worte

Du schwärmst von Orten, anderswo
Du sprichst von Disziplin, und so
Du träumst dein Leben dir zurecht
Doch irgendwie ist gar nichts echt
Du fühlst dich schlecht und gar nicht froh

Du redest dir die Tage schön
Du willst nicht hier sein, du willst gehn
Schon lange bist du nicht mehr *DU*
Und nachts kommst du nicht mehr zur Ruh
Du willst hier gar nichts mehr verstehn

Und wie du redest, träumst und klagst,
und nichts mehr tust und nichts mehr wagst,
vergeht die Zeit und du wirst alt
Der Sommer geht und bald ist´s kalt
Weil du dein Leben stets vertagst

Bald liegst du flach, dem Tode nah
Und träumst von dem, was niemals war
Dann bleibt dir wirklich keine Zeit
Mit Sprüchen hast du sie vergeigt
Drum lebe JETZT!
Mit Haut und Haar!

Wünsche

Wünsche in der heißen Nacht
Regen fällt auf den Asphalt
Du hast mich nur angelacht
Bist verschwunden – gegen Acht
Und der Wind weht nass und kalt

Träume mich in Deinen Arm
Irgendwie treibts mich zu Dir
Und im Herzen wird's mir warm
Wo nur bleibt Dein starker Arm
In mir spür ich Lust und Gier

Ja, ich werd Dich wieder sehn
Dort, in jener großen Stadt
Wenn wir tanzen durch Berlin,
wird das Glück die Angst verwehn
Weil ich doch noch Hoffnung hab

Am Meer

Der Abend kommt, mich zieht's ans Meer
Ich sehn mir alles Schöne her
Hier kann ich vieles klarer sehn
Und weiß, das Meer wird mich verstehn

So viele Dinge tun sich auf
an diesem Strand, ich nehms in Kauf
Hier wo die Sonne untergeht,
Hier, wo ein raues Lüftchen weht

Dann träum ich mir die Sorgen fort
An diesem magisch, guten Ort
Ich fühl mich nicht mehr so allein
Am Meer möcht ich wohl immer sein

Ganz sicher war's nicht immer leicht,
Oft hat es nicht ganz ausgereicht
Dann stand ich trotzdem wieder auf
und sah nach vorn und pfiff darauf

Mit meinem Stolz und festem Blick
stemm ich mich gegen Ungeschick
Und lass das Böse hinter mir
Ich hab noch meinen Traum in mir

Ganz tief im Herz ein Feuer brennt
Es ist so stark und mir nicht fremd
Es ist ein Lied und ein Gedicht
Es spendet Leben mir und Licht

Und meine Tränen, die so heiß
Ja selbst mein Lachen – laut und leis
Die Liebe auch zum Heimathaus
All das bin ICH, das macht mich aus

Ich weiß, in mir steckt so viel Kraft
Im Leben hab ich viel geschafft
Dies Auf- und Ab hat mich geprägt,
Und neue Zuversicht gesät

Ja, viele Jahre sind vorbei
Bin nicht mehr jung, doch einerlei!
Die Hoffnung treibt mich durch die Zeit,
vorbei an Tränen, Frust und Leid

Nun ist es Nacht – ich bin noch hier
Ich brauche Dich, Du kluges Meer!
Ich sitz am Strand und hör dir zu
Und träum mit dir, genieß die Ruh

An Gott

Sag mir, warum hilfst Du nicht?
Lieber Gott im Himmelzelt
Schau mir doch mal ins Gesicht
Sag, warum hilfst Du mir nicht?
Es ist kalt auf Deiner Welt

Sag mir, warum sprichst Du nicht?
Lieber Gott, dort, irgendwo
Spende doch mal Trost und Licht
Sag, warum nur sprichst Du nicht?
Bin so einsam und nicht froh

Sag mir, warum bleibst Du fort?
Lieber Gott, Du großer Mann
Hörst Du nicht mein fragend´ Wort?
Sag, warum nur bleibst Du fort?
Ich zerbreche irgendwann!

Sag mir, gibt's Dich überhaupt?
Lieber Gott! Bist Du Prophet?
Bist Du leise oder laut?
Scheinst doch irgendwie vertraut
Kennst Du meinen rechten Weg?

Sag mir, wann kommt meine Zeit?
Lieber Gott, Du bist so fern
Überall scheint Dunkelheit
Sag, wann kommt mal meine Zeit?
Plötzlich strahlt ein heller Stern

Die Angestellte

Es war ein Morgen, irgendwann
Der Kaffee schmeckte schlecht, so schlecht
Noch schnell ein Küsschen für den Mann
An diesem Morgen, irgendwann
Sie macht' es allen immer recht

An jenem Tag, als Regen fiel,
war's trübe noch und seltsam lau
Ihr Job war hart, kein leichtes Spiel
Der Tag war grau und Regen fiel
Sie war 'ne starke schwache Frau

Sie sah das Elend vis-à-vis
Und mancher Fall wog tonnenschwer
Sie hielt es durch, wohl irgendwie
Sie sah manch Trauer vis-à-vis
Doch auch sie selbst schien müd und leer

Vorm Spiegel in der Pause dann,
da sah sie sich und weinte leis
Ein Handyklingeln – wohl der Mann
Vorm Spiegel jetzt – minutenlang
Und irgendwo zerschmolz das Eis

Was, wenn sie einfach wortlos ging
Dorthin, wo alles Glück vielleicht
Dorthin, wo aller Segen hing
Wer fragt, wenn sie jetzt einfach ging,
ob's für das Leben dann noch reicht

Sie schloss die Augen, hielt sich fest,
und wankte hin und wieder her
Was, wenn man sich mal treiben lässt
Sie hielt am Waschbecken sich fest
Im Leben geht so manches quer

Was für ein schöner ferner Traum
Sie wischte sich die Tränen fort
Mit Seife und mit reichlich Schaum
wusch sie sich ab, den großen Traum
Man rief nach ihr, mit lautem Wort

Und lächelnd lief sie schnell zurück
Ein neuer Kunde wollte Rat!
Wo liegt des Lebens größtes Glück?
Sie lief nur ins Büro zurück
Und tat, was sie sonst immer tat

Sie sagte *JA*, sie sagte *NEIN*
Der Arbeitstag ging schnell vorbei
So musste es wohl immer sein
Ein Leben zwischen *JA* und *NEIN*
Ihr Mann kam heim, so gegen *Drei*

Die Fee

Von fern spielt eine Melodie
Und irgendwo, da sah ich sie
Ein Zauber drang ins Herze mir
Am Weihnachtsabend, gegen Vier

Vom Schnee verweht ihr Angesicht
Sie tanzte leicht im Kerzenlicht
Ihr weißes Kleid – ein Sternenmeer
Und Glück und Friede um uns her

So leicht erschien mir da die Welt
Ganz ohne Leid und Hass und Geld
Ihr Lächeln schien fern aller Zeit
Mein Aug von Tränen längt befreit

Sie flog davon – sie blieb nicht hier
Am Weihnachtsabend, gegen Vier
So etwas Schönes sah ich nie
Mir blieb die ferne Melodie

Er

Er war ein großer, starker Held
Er hatte Ruhm, Erfolg und Geld
Er hatte eine Frau, so schön
Man hat ihn selten lachen sehn
Er liebte nicht die schöne Welt

Die Nachricht kam tief in der Nacht
Er hat sich plötzlich umgebracht
Ein Bahndamm, irgendwo am Wald
Da war es einsam, trist und kalt
Und Regen fiel in jener Nacht

So viele Menschen kannten ihn
Er hatte eine Frau, so schön
Er war ein Star, er sah gut aus
Er hatte auch ein großes Haus
Und sah im Leben keinen Sinn

Der Bahndamm liegt so schweigend da
Es regnet nur, wies öfter war
Er hatte Kinder, hübsch und schön
Man hat ihn selten lachen sehn
Er war ein junger, großer Star

Der Schauspieler

Er hatte einfach nur gelacht
Der Schauspieler im letzten Akt
Er sah uns an und hat gelacht
Woran nur hatte er gedacht?
Der Schauspieler im letzten Akt

Er spielte so unsagbar gut
Der Schauspieler gab alles hin
Er weinte auch und zeigte Wut
Ging es ihm wirklich immer gut?
Der Schauspieler gab sich nur hin

Am Ende ging der Vorhang zu
Der Schauspieler schminkte sich ab
Er wollte jetzt nur seine Ruh
Der Vorhang ging für heute zu
Es war ein wirklich guter Tag

Dann ging er heim, tief in der Nacht
Die Frau, die Kinder schliefen schon
Ein Kuss für alle, nur ganz sacht
Denn es war still und es war Nacht,
fernab vom Bühnenmikrofon

Und als er träumte, selbst sich sah,
da spürte er auch Einsamkeit
Wer er im Spiel auch immer war,
er blieb allein dort, unnahbar
Und Frau und Leben schienen weit

Er brauchte den Theaterschein
Die Kinder hatten ihn vermisst
Er wollte jemand anders sein
Ein Leben zwischen Schein und Sein
Er hat die Frau nur sacht´ geküsst

Am nächsten Morgen gegen Acht
ging er zur Probe für sein Stück
Er hat „Adieu" nur leis gesagt
Ging ins Theater gegen Acht
Denn dort, nur dort fand er sein Glück

Er hatte wieder gut gespielt
Der Schauspieler im letzten Akt
Ob er sich wirklich wohl gefühlt?
Wer weiß das schon?
Er hat gespielt!
Ein Schauspieler im letzten Akt

Mein Weg

Irgendwo auf meinem Weg
frag ich mich, wo steh ich jetzt?
Weiß nicht, wies wohl weitergeht
Irgendwo auf meinem Weg
Halt ich durch? Bin ich verletzt?

Seh die Kind- und Jugendzeit
Mann, war ich da dumm und schwach
Dann die Lehre – manches Leid
Bis zum Mann unendlich weit
Sturheit brachte Streit und Krach

Viele Pleiten, Tränen auch
Alkohol und Einsamkeit
Manchmal stand ich auf dem Schlauch
Hass und Liebe – ja, das auch
Trotz vielleicht? Besessenheit?

Auf der Jagd, und selbst doch Ziel
Blind vor Eifersucht und Hass
Manchmal war´s ein großes Spiel
Schoss daneben, nicht ins Ziel
Fand nicht immer meinen Spaß

Mal ging´s runter, mal ging´s rauf
Berg- und Tal-Bahn – immerfort!
Nie gab ich die Träume auf
Runter ging´s, und auch bergauf
Meine Seel, kein kluger Ort!

So wird's immer weiter gehn
Bin ein Clown, der niemals ruht
Irgendwann die Welt verstehn
Und die Zeit, sie wird vergehn
Niemals stockt mein wildes Blut

Irgendwo auf meinem Weg
Frag ich mich:
Wo geht's noch hin?
Weiß nur, dass es weitergeht
Irgendwie auf meinem Weg
Auf der Suche nach dem Sinn

Resignation

Mein Leben brachte mir kein Glück
S´ ging abwärts nur, so Stück um Stück
Und Asche rinnt mir durch die Hand
Mein Leben scheint längst abgebrannt

Die Träume waren groß, so groß
Einst fruchtete ein kleiner Spross
Da träumte ich vom klugen Weg
Dass es vielleicht mal aufwärtsgeht

Ich kam sogar schon ziemlich weit
Ganz kurz sah ich ´ne bessre Zeit
Doch fiel mein Schicksal tief ins Loch
Und kroch auch niemals wieder hoch

Was ich vor Jahren aufgebaut
hat mir der Teufel längst versaut
Der liebe Gott ließ mich im Stich
Nie sah ich ihn, und sein Gesicht

Allein und einsam sitz ich nun
auf meinem Sofa blöd herum
Ganz ohne Kraft und ohne Geld
bleibt draußen alle schöne Welt

Was nutzte mir mein wacher Sinn?
Er brachte keinen Reingewinn!
Was nutzte alles schlaue Wort?
Das trug schon lang das Böse fort!

Ich wollte mal ganz hoch hinaus
Und blieb doch nur 'ne graue Maus
Ein Niemand ohne Glanz und Mut,
der längst ertrank im Selbstbetrug

Der dümmste primitivste Mob
fuhr mit den tollsten Autos fort
Und dümmlich machten die mir klar:
Ich sei nur Abfall, und kein Star

Verbannt bin ich im Höllenschlund
Mich pinkelt nicht mal an ein Hund
Nach all den Niederlagen jetzt
zieh ich zurück mich, arg verletzt

Und warte auf den letzten Tag,
wenn mich der Teufel holen mag
Mein Leben blieb ein Augenschlag,
der angefüllt mit Frust und Klag

So bleibt am End ein Trauersang
Mein Spiegel schwieg ein Leben lang
Einst träumte mir vom guten Weg
Doch alles ward vom Wind verweht

Im Wald

Erinnerung an alte Zeiten
Irgendwo im tiefen Wald
Wollt mit dir zusammenbleiben
Doch die Liebe wurde kalt

Konnte dich nicht länger halten
Du gingst fort aus dieser Stadt
Und ich spür den Wind, den kalten
Weil ich nichts zum Wärmen hab

Hier im Wald ist so viel Ruhe
Ahn dich hinter jedem Baum
Schmutzbeschwert sind meine Schuhe
Schmutzbeschwert scheint mancher Traum

Hintern Busch ein wilder Eber
Selbst dies Schwein will nichts von mir
Bis zu ihm sind's nur drei Meter
Endlos weit ist's bis zu dir

Auf dem Hochsitz mach ich Pause
Einen Whisky auf uns zwei
Früher gab's für uns nur Brause
Ohne Pep war's schnell vorbei

Plötzlich ist es Nacht geworden
Und ich spür die Kälte schon
Nein, ich bin noch nicht gestorben,
auch wenn ich nicht bei dir wohn

Werd dir sicher nochmal schreiben,
weil ganz tief im Herz was blieb
Erinnerung an alte Zeiten
Denn ich hab dich doch noch lieb

Schlaflos

Noch ist es Nacht
Ein Schneesturm lässt mich grüßen
Ich bin schon wach
Die Uhr zeigt Viertel 3
Ich lieg nur da,
wein wieder in die Kissen
Vor lauter Angst
Die Träume sind vorbei

Ich fühl mich schlecht
Der Atem stockt behände
Ich weiß nicht mehr,
wie soll´s nur weiter gehn
Ich wünscht es so,
dass ich ´ne Lösung fände
Doch es ist Nacht
Und ich kann nichts verstehn

Da, ein Geräusch!
Ein Brausen vor dem Fenster!
Ich springe auf,
schau in die Dunkelheit
Ein rotes Licht!
Sind das vielleicht Gespenster?
Bin ich vielleicht
am Ende nicht gescheit?

Doch seh ich bald
Ein Auto fuhr gen Westen
Verschwindet schnell
im Schneesturm und im Nichts
Wär eine Flucht
nicht auch für mich am besten?
Bin ich nicht schon
am Ende allen Lichts?

Es bleibt mir nur
das Pfeifen jenes Sturmes
Der jagt vorbei
und lässt mich hier zurück
Ist´s Dummheit nur?
Die Ohnmacht eines Wurmes?
Bin ich vielleicht
verlassen längst vom Glück?

Ich komm nicht drauf!
Versuchs nochmal mit Schlafen
Und sinke bald
in irgendeinen Traum
Und fern sind sie
Die Bösen und die Braven
Von dieser Nacht
bleibt letztlich doch nur Schaum

Weihnachtsgeschichte

Ein Weihnachtsabend gegen 3
Das junge Paar sitzt unterm Baum
Ein kleines Kind ist auch dabei
Es ist an Weihnacht gegen Drei
Was für ein schöner Weihnachtstraum

Gleich gibt's Geschenke reichlich, satt
Das Kind, gespannt, ist voll von Glück
Der Weihnachtsmann kommt in die Stadt
Und bringt Geschenke, reichlich, satt
Und Papa kennt den Weihnachtstrick

Er geht hinaus und lächelt leis
Und sagt noch schnell – gleich ist's soweit
Die Spannung steigt, dem Kind wird's heiß
Der Papa lächelt nur ganz leis
Und so vergeht die Stund, die Zeit

Die Mutter nimmt das Kind zu sich
Und streichelt sacht ihm übers Haar
"Wo bleibt der Papa?", fragt sie sich
Und nimmt das Kind ganz sacht zu sich
Der Weihnachtsmann ist noch nicht da

Der Abend geht, längst schläft das Kind
Es hat nach Papa kurz gefragt
Vorm Hause streicht ein eisig' Wind
Die Mutter bracht ins Bett das Kind
Und hofft am Fenster voller Klag

Wo bleibt der Papa, wo der Mann?
Warum in dieser Weihnachtsnacht?
Lang schaut im Spiegel sie sich an
Wo bleibt nur unser Weihnachtsmann?
Hat der sich aus dem Staub gemacht?

Am nächsten Morgen klingelts früh
Zwei Polizisten stehn vorm Haus
Sie stelln sich vor und fragen sie
Für manche Nachricht ist´s zu früh!
So sieht kein Weihnachtsmorgen aus!

Man fand den Wagen irgendwo,
zerschellt an einer Häuserwand
Da war das Glatteis, einfach so,
in einer Straße, irgendwo
Den Toten man erst morgens fand

Die Polizisten gehen schnell
nach Haus, wo Weihnachtsmusik singt
An jenem Morgen wird´s nicht hell
Und mancher Tod kommt eben schnell
Manch Papa nie Geschenke bringt

Das Kind erwacht so gegen 10
Und fragt nach seinem Papa bald
Die Mutter bleibt im Zimmer stehn
Es ist an Weihnacht, früh um 10
Und in der Wohnung ist´s so kalt

Sie nimmt das Kind in ihren Arm
Und drückt es fest ans Mutterherz
Wolln wir zum Weihnachtsmann jetzt fahrn?
Sie hält das Kind ganz fest im Arm
Und schluckt hinunter ihren Schmerz

Und alle Fragen bleiben fort
Es gibt auch keine Fragen mehr
Wo gestern noch ein schöner Ort,
bleibt aller Weihnachtszauber fort
Der Weihnachtsmann kommt nimmer mehr

Sie steigt ins Auto mit dem Kind
„Komm lass nach Papa uns jetzt schaun"
Es weht nur eisig kalt ein Wind
Sie fährt davon mit ihrem Kind
Auch draußen steht manch Weihnachtsbaum

Man sieht sie rasen übers Land
Es fällt der Schnee so weiß, so dicht
Sie nimmt das Kind fest an die Hand
Es ist doch Weihnachten im Land
Die nächste Kurve sieht sie nicht

Dann ward es still – kein Schnee, kein Wind
Nur einsam steht ein Weihnachtsbaum
Sie stieg ins Auto mit dem Kind
Und wollt zum Weihnachtsmann geschwind
Nur einmal noch den Weihnachtstraum

Und irgendwo zur Weihnachtszeit,
da wartet manches Kind verzückt
auf Papa mit dem Weihnachtskleid
Am Himmel hoch zur Weihnachtszeit
leuchten drei Sterne voller Glück

Heimgang

Mein Sinn stand mir nach Nord und Süden
Ich wollte fort, woanders hin
Ich fand hier nicht den stillen Frieden
Mich zog es nur nach Nord und Süden
Hier fand ich gar nichts gut und schön

Da zog ich aus in ferne Lande
Und suchte nach dem großen Glück
Und fern am Meer, am weiten Strande
Lag ich im warmen weißen Sande
Und wollte wirklich nie zurück

Doch ewig wollts nicht Sommer bleiben
Der Strand lag einsam wie mein Herz
Da kamen eisig kalte Zeiten
Ich konnt nicht leben, konnt nicht bleiben
Und fuhr zurück, ganz ohne Schmerz

Bald war die Winterzeit vergangen
Und Sonne fiel ins neue Land
Ich fühlt mich nicht mehr unverstanden
Ich bin ins Heimatland gegangen
Wo ich bald neue Hoffnung fand

Träne

So manche Träne sieht man nicht
Sie wird geweint nur – irgendwo
Sie ist nicht groß, hat kein Gewicht
Man sieht so manche Träne nicht
Doch kommt sie oft, ganz einfach so

Sie zeigt in unsrer starken Welt,
dass man auch schwach ist, klein und dumm
Und wenn sie uns vom Auge fällt,
dann sehn wir anders diese Welt
Sie sagt so viel und bleibt doch stumm

Sie bleibt bei uns ein Leben lang
Sie kennt das Glück und auch das Leid
Egal, ob kerngesund, ob krank,
Sie ist stets da, ein Leben lang
Manch Seele wird durch sie befreit

Nein, ohne Tränen geht es nicht
Sie ist so wichtig, gut und klar
Sie gibt uns erst ein Angesicht
So manche Träne sieht man nicht,
denn sie ist klein und unscheinbar

Manchmal vielleicht

Manchmal möcht man´s einfach wissen
Schreien in die Welt hinaus
Möcht die Welt, die Sterne küssen
Manchmal möcht man´s wirklich wissen,
Einfach rennen aus dem Haus

Manchmal möcht man einfach singen
Irgendwas, ganz laut und schön
Möcht die Welt zum Klingen bringen
Manchmal möcht man Lieder singen
Und nie wieder schweigend gehn

Manchmal möcht man nur noch träumen
Von der Liebe und vom Ruhm
Manchmal will man überschäumen
Und dann möcht man alles träumen
Nur verrückte Dinge tun

Manchmal möcht man einfach leben
Einmal nur der Erste sein
Manchmal möcht man alles geben
Und das große Glück erleben
Freiheit spüren, klar und rein

Manchmal möcht man richtig lieben
Wie im Rausch und Überschwang
Sich ergeben allen Trieben
Manchmal möcht man ewig lieben
Küssen, Kuscheln, nächtelang

Manchmal lebt man in den Träumen
Und die Welt ist ganz weit fort
Schön ist's unter Mandelbäumen
Ja, wir brauchen was zum Träumen!
Und den fernen guten Ort

Regenguss

Ein Regenguss fällt in dein Leben
Ein Regen fällt in deinen Tag
Du schimpfst und fluchst und willst nicht beten
Doch irgendwann, da trifft es jeden
Und du vergehst in Leid und Klag

Ein Donnerschlag zerreißt die Seele
Ein Donnerschlag zerbricht dein Hirn
So wundgeschrien die trockne Kehle
Dass diese Zeit bloß schnell vergehe
Dass dich die Ängste nicht verwirrn

Ein Blitz zuckt grell in deine Augen
Ein Blitz verbrennt den müden Blick
Fast blind suchst du nach Gottvertrauen
Und willst den Menschen wieder glauben
Doch du bewegst dich nicht ein Stück

Absturz

Vom hohen Ross bist du gefallen
in einen Spalt, der tief und hart
Dir fehlt die Kraft zum Fäuste ballen
Dir fehlt die Kraft zum neuen Start

Von goldenen Ketten, Edelsteinen,
blieb dir doch nichts, als nur du selbst
Und von dem Leben, dem gemeinen,
blieb süßer Schnaps, in dem du schwelgst

Die Träume von der großen Liebe,
zerplatzt bei Sonnenuntergang
Die Zeit der Nacht und dunklen Triebe
verändert dich ein Leben lang

Sturm

Ein Sturm dringt ein in die Gedanken
Er fegt die letzten Tränen fort
Und plötzlich brichst du alle Schranken
Du fühlst dich nicht mehr unverstanden
Brichst auf zu einem neuen Ort

Die Hoffnung birgt stets neues Leben
Geh einfach los, hör auf dein Herz
So vieles kannst du jetzt bewegen
Denn Hoffnung birgt stets neues Leben
Dein Wille treibt dich himmelwärts

Den Wind zu spürn, die Sonne sehen,
dies alles gibt es nicht für Geld
Mensch komm, steh auf, du kannst verstehen
Auch du wirst bald die Sonne sehen
Und kämpfen auch für deine Welt

Ja du bist gut! Weiß um dies Wissen!
Mach deine Träume endlich wahr
Dann wird der beste Tag dich grüßen
Denn du bist gut und willst es wissen
Dein Leben wird ganz wunderbar!

Kalter Winter

Der Winter ist so kalt
Ich sehne mich nach Dir
In dieser Traurigkeit
Allein
Und getrennt von Dir
Bin ich am See
Er ist so kalt
Ich fühle mich nicht wohl
Und ein heftiges Gewitter droht
Es will mich töten

Fremde Gesichter
Sie sind mir unbekannt
Doch kenn ich sie
Von irgendwoher
Schatten in der Fremde
Spuren im Schnee
Mein eigener Herzschlag
Der mich betäubt
Er lässt mich nichts mehr fühlen
Und auch nichts sehen
Bin ich gar blind?
Oder nur stumm?
Zu dumm und blöd für dieses Sein?

Blumen für die Spinner
Und keiner kann es so gut wie ich
Bin ich nicht ehrlich?
Zu Dir?
Zu mir?
Zu allen um mich herum?
Zu wem eigentlich?
Ich lüge nie, und doch immer wieder
Weil ich's nicht anders kann
Ich bin doch klug!
Oder etwa nicht?
Wenn's um mich geht,
bin ich zu doof!
Es bleiben tausend Fragen!

Du gehst mit mir ins Ungewisse
In die Stadt der Angst
Die Stadt der Fremdheit
Du gehst mit mir ins Reich des Alleinseins
Des Fluches
Und der Flucht
In ein Reich der unbezwingbaren Sucht
Doch nur in den Gedanken
Ich torkele und spür sie nicht
Die Seele
Nein, ich bin noch nicht betrunken
Und Drogen sind mir fremd
Ich werd sie niemals nehmen
Es bebt das Meer
Der Ozean
In jener Welt
Der Abgeschriebenen

Ich bin kein neuer Mensch
Ich bin schon alt
Und jung geblieben
Und doch so fern von allen Lüsten oder Trieben
Im Moment
Denn Du bist fort
Und all die Fremden um mich herum
Sind wie Gespenster
Sind ohne Namen
Und ohne Gefühle auch
Mich drängts zur Flucht
In neue Räume
In einen andren Schoß
Und dann wird auch die Sonne wieder scheinen
Denn in diesem Leben
Kann ich ändern
Und bleibe dennoch
Immer *ICH*

Abschied?

Ich steh auf einer Brücke
Gespenster spieln im Fluss
Im Hirn klafft eine Lücke
Die Seel braucht eine Krücke
Im Hirn nur eine Lücke
Ich habe keine Bitte
Und hab auch keinen Gruß

Die Nacht senkt sich hernieder
Ich wart auf Irgendwas
So fern die Sommerlieder
Ich schau aufs Wasser nieder
Wann kommt die Hoffnung wieder?
Und jene Sommerlieder?
Und aller Lebensspaß?

Die Uhr schlägt Mitternachte
Und Nebel steigt empor
Die Kälte kommt ganz sachte
Du gingst, eh ich es dachte
Warst fort, als ich erwachte
Jetzt schlägt's nur Mitternachte
Ein Spiel, das ich verlor

So gern wär ich gesprungen
Doch größer schien die Angst
Es ist mir nicht gelungen
Und dort, wo wir gesungen
Mit Herz und aus den Lungen
Da bin ich nicht gesprungen
Ob Du wohl um mich bangst?

Es naht der neue Morgen
Ich schrecke hoch, s ist Fünf!
Im Schweiße aller Sorgen
Lieg ich bei Dir geborgen
Im weichen Bett verborgen
Und Du lachst ohne Sorgen
Ich hab noch an die Strümpf

Wenn

Wenn Du sagst,
Du liebst mich nicht,
dann bin ich tot
Noch vor der Zeit
Wenn Gott mich will
Der weiß darum
Und wird mich ewig lieben
Und Du?
Du schweigst!
Ein bittres Schweigen!
Einerlei der Zeit!
Und immer wieder so
Du hast mich umgebracht

Wenn Du sagst,
Du magst mich nicht,
stirbt auch die Zeit
Und alles war umsonst
Wo ist nur Gott, sag wo?
Und hilflos starr ich in die Schlucht,
die vor mir schreit
Und schweigt
Wo sind die Jahre meines Lebens?
Sie fallen in die bittere Tiefe
Die sanft und süß
die Ruh mir gibt
Du hast mich umgebracht

Wenn Du sagst,
dass Du nichts sagst,
dann muss ich gehn
von Dir
Ins Land meiner Gedanken
Und Du hast nie gefragt danach
Und ich bin froh
Du konntest mirs nicht rauben
Denn ich geh zu Gott
Den Du nicht kennst
Und in den fernen Bergen
suchst Du nicht nach mir
Das Eis lässt Dich erstarren
Und klar wird Dir
Tot bin ich zwar
Doch bin ich stets bei Dir

Ich bin der Fremde Deiner Seele
Und kenn Dich gut
Weil ich es eben bin
Und doch bin ich's gewesen
Ich bin so weit von Dir
Die Reise durch den Kosmos
bracht mich doch heim zu Dir
Jene Odyssee, die uns geeint
In andrer Dimension
Die Körper schwinden
Ich bin daheim!
Oh Dank Dir, Gott
Ich bin daheim
Und werd es ewig bleiben

Erinnerungen

Bunte Farben in den eingeschmolznen Träumen
meiner Kinderzeit
Ich bin an einem Punkte angekommen,
an welchem ich nicht mehr weiter weiß
Und ich suche einen Rat
in den alten Märchenbüchern
Und ich wünsch mir die Wahrheit
aus den seidenen Zaubertüchern
Und weiß doch längst-
Ich bin schon lang zu alt
für diese fernen, fernen Spiele

Teddybären mit den blauen Schleifchen
und der grüne Wasserball
Er schwimmt behänd davon
auf den Wogen meiner kalten Tränen
Ich kann ihn nicht mehr halten
Ach Teddy,
gib mir doch wie früher einen Halt
Aber er schweigt, sie ist eben vorbei,
die Zeit der Feen und der Aschenputtel
Im zerbrochnen Spiegel
wirkt mein Gesicht so müde – oder schwach
Und es wirkt blass
Und ich spür es längst
Ich bin schon lang zu alt
für diese fernen, fernen Spiele

Die alten Kinderlieder,
wo alles noch so rein und klar,
wo ich mal unbeschwert und glücklich war,
sind längst verklungen
in verklärender Unendlichkeit
Die holt mir keiner mehr zurück
Jetzt rennt man wohl nach andren Sachen
Ich habe das Verlieren nicht verlernt
Und in den feuchten Nebeln
verwunschener morgendlicher Wiesen
seh ich der Liebsten makelloses Antlitz
nimmermehr
Gewesen ist gewesen!
Und ich weiß es längst
Ich bin schon lang zu alt
für diese fernen, fernen Spiele

Alte Frau

Sie denkt sehr selten nur an Morgen
Die alte Frau ist ohne Sorgen
Sitzt auf der Bank vorm Haus, im Tal
Und es ist Frühling – wiedermal

Im Sommer zieht´s die Frau zum Garten
Sie will jetzt nicht mehr länger warten
Die Rosen und die Nelken blühn
Sie will nochmal im Tanz sich drehn

Der Herbst zieht ein, die Blätter fallen
Auch Vogelstimmen kaum noch hallen
Die alte Frau ruht sich nun aus
Und Nebel ziehen um ihr Haus

Die alte Frau ist alt geworden
Und jenes Jahr scheint fast gestorben
Der Winter längst am Fenster leckt
Die Bank vorm Haus
Von Schnee bedeckt

Der letzte Sommer

Als hell die Sonn erstrahlte,
sah sie ins Himmelblau
Der Tag ihr Lächeln malte
in jener Sonn, die strahlte
Die schöne starke Frau

Mit Schmerzen, kaum erträglich,
ging täglich sie hinaus
Der Sommer war so herrlich
Die Schmerzen unerträglich
So einsam stand ihr Haus

Am See unter den Bäumen
Lag sie so oft und gern
Sie gab sich hin den Träumen
am See, unter den Bäumen,
bis abends kam manch Stern

Ein Herbst zog auf von Norden
mit Stürmen, nass und kalt
Sie ist so sanft gestorben
Es kam ein Herbst von Norden
Sie wurde nicht sehr alt

Es ist so ruhig geworden
im Haus am See, beim Wald
Und wie an jedem Morgen,
wo es so ruhig geworden,
die schönste Sonne strahlt

Von ihr ist nichts geblieben
und doch scheint sie nicht fort
Ich wollt sie ewig lieben
Doch ist mir nichts geblieben
an diesem schönen Ort

Ich seh noch heut ihr Lachen,
als Sommer war im Land
Und fahr in einem Nachen,
so fern von ihrem Lachen,
am Ufer leis entlang

Es war ihr letzter Sommer
Ob sie mich hört und sieht?
Mir scheint der ferne Donner
in jenem letzten Sommer
um Antwort fast bemüht

In Samt und auch in Seide
sang sie so gern vom Glück
So schwebt über der Heide,
in Samt und auch in Seide,
noch heut vom Lied ein Stück

Der Schnee deckt zu die Wipfel
Und kahl liegt Wies und Feld
Und übern steilen Gipfel
fliegt Schnee über die Wipfel
Und ich zieh in die Welt

Besuch am Grab

Der Regen rieselt durch die Äste
Wart auf dem Friedhof ganz allein
Gedanken um des Lebens Reste
stelln kühl in meiner Seel sich ein

Hier ist's so ruhig, endlose Stille
Nur Regen fällt auf manches Grab
So endgültig, ein letzter Wille?
Hier, wo man nichts zu sagen wagt

Da giert und jagt man durch die Zeiten
Da jammert man und will noch mehr
Und spürt nicht, wie die Jahr' enteilen,
wie alt man wird und schwach und leer

Die Jugend ist nicht festzuhalten
Der Reichtum nicht und nicht das Gut
Nichts ist auf *ewig* aufzuhalten,
weil irgendwann erstarrt das Blut

So will ich Einhalt mir gebieten
Denn viel zu schnell komm ich hierher
Sollt' wieder neu mein Leben lieben
und Lieder singen, und noch mehr

Der Regen rieselt durchs Geäste
Und dunkel wird's am Friedhofshain
Was tu ich mit des Lebens Reste?
Schlag hoch den Kragen und geh heim!

Einst

Ich war so jung wie Du,
da habe ich zu träumen angefangen
Da bin ich von Zuhause weggegangen
Und hab sehr hoch gespielt

Ich war so jung wie Du,
da hab ich meine Lieder laut gesungen
Da spürt ich frische Luft in meinen Lungen
Und nichts hat mir gefehlt

Ich war so jung wie Du,
da war die Zeit der bunten Luftballone
Erdachte mir so manche Königskrone
Und nah schien jedes Ziel

Ich war so jung wie Du
Jetzt ist es trister kühler Herbst geworden
Und kalter Wind weht um die tauben Ohren
Ich hab zu oft geträumt

Der Fremde

Als ich ihn sah, so grau sein Haar,
schien er mir nah, auch ohne Wort
Genau wie er auch ich mal war
Mit feinem Hemd an gutem Ort

Er ging im Anzug, sehr korrekt
Auch ich hab teuren Zwirn im Schrank
Doch hab ich Ängste mir versteckt
Doch fühl ich mich so schwach, so krank

Hab mich im Dunkel oft gesehnt
nach Ruhm, Erfolg und Glück und Sinn
Was heute keiner mehr versteht,
ich sehnte mich sehr gern dorthin

Er ging vorbei mit Stolz im Blick
Vielleicht war er ein Gotteskind?
Doch er entschwand bald, Stück um Stück,
im Menschenmeer, wo jeder blind

Als ich ihn sah, sah ich auch mich
Ein Spiegelbild, so ohnmächtig
Im Spiel des Lebens – lediglich
Blieb drüben *ER* und jenseits *ICH*

Einst träumte mir vom schönen Land
Vom Prinzenpaar, von Geld und Gut
Hab damals nichts von mir erkannt
Zu heiß schäumte mein krankes Blut

Der Fremde kennt mich nimmermehr
Ein Wind verweht den Straßenstaub
Vielleicht ist alles gar nicht schwer?
Ein Fremder schien mir sehr vertraut

Träume der Erinnerung

Schön war´s in der großen Stadt
Job, Familie - wunderschön
Dort wo keiner Namen hat
lebten sie in jener Stadt
So sollts immer weiter gehn

Doch seit kurzem träumte sie
von dem Ort, der endlos weit
Sah die Kirche, Wald und See
Manche Nächte träumte sie
von der fernen Seligkeit

Sie verstand die Zeichen nicht
Doch es zog sie magisch fort
Und sie sah im Traum ein Licht,
hatte Tränen im Gesicht
Wo nur lag dies Land, der Ort?

Mehr und mehr wollt sie dorthin
Alles schien ihr so bekannt
Wo nur lag des Traumes Sinn?
Warum wollte sie dorthin?
In dies wundersame Land?

Eines Tages brach sie auf
Nahm die Tasche wie in Trance
Nahm den Abschied selbst in Kauf
Schweigend brach sie einfach auf
War das ihre letzte Chance?

Auf dem Weg durch Traum und Zeit
kam nach Irland sie bei Nacht
Lang schien dieser Weg und weit
Irgendwo am Rand der Zeit
wurde sie nach Haus gebracht

In dem kleinen Dorf am Meer
sah es aus wie in dem Traum
Kirche, Wald – sie wollt hierher
In das kleine Dorf am Meer
In das Haus beim Mandelbaum

Nichts war hier wie in der Stadt
Ruhm und Reichtum gab´s hier nicht
Wichtig war nicht, was man hat
Wichtig nicht die ferne Stadt-
Nur des Mondes fahles Licht

Auf dem kleinen Friedhof dort
stand sie an dem fremden Grab
Hier an diesem stillen Ort
trug sie die Erinnerung fort
Las die Inschrift, die schon matt

Da durchfuhr ein Blitz ihr Hirn
Und sie wusste es genau
Ihre Mutter lag hier drin
Ja, ihr Traum zog sie hierhin,
zu dem Grab der toten Frau

Und sie fühlte sich so gut
Goss die Blumen vor dem Stein
Hatte wieder Lebensmut
Denn sie fand ihr eigen Blut
Ihre Seele wurde rein

Plötzlich hörte sie von fern,
wie die Mutter leise sang
„Ach, mein allerliebster Stern,
kamst zu mir, doch ich bin fern.
Kamst zu mir, zum weißen Strand"

Lange saß sie noch am Grab
Und sie küsste sanft den Stein
Dort, wo´s keine Zeit mehr gab
Dort an Mutters kleinem Grab,
konnt sie endlich glücklich sein

Als sie wieder heimwärts zog,
war voll Liebe sie und Kraft
Und ein Silberwölkchen flog
übers Meer, auf dem sie zog
Ja, sie hatte es geschafft!

Und daheim – dort, in der Stadt
hatte sie den Sinn erkannt
Wer im Herz sein´ Mutter hat,
braucht nicht Geld, nicht Ruhm und Stadt
Nur manch Traum
Und Mutters Hand

Phoenix

Traf Dich in der großen Stadt
Dort in Phoenix, irgendwo
Dort, wo keiner Namen hat
Irgendwo in dieser Stadt
Fragt´ ich Dich ganz einfach so

Dein Gesicht, Dein blondes Haar
Und Dein Lachen, sonderbar
Alles war wies niemals war
Wie Dein Lachen unterm Haar
Wollte bleiben, völlig klar!

Ach, wir tanzten durch den Tag
Durch die wundervolle Stadt
Dort, wo keiner Namen hat
Sangen wir durch diese Stadt
Und wir stellten keine Frag

Irgendwann der erste Kuss
Blondes Mädchen, irgendwo
Niemand dachte an den Schluss
Dort in Phoenix dieser Kuss
Und wir waren glücklich, froh

Da, im Radio, dieser Song
Deine Stimme war´s, ein Traum
Phoenix, Du, nun komm doch schon!
Oh mein Gott, was für ein Song!
Und wir kannten uns doch kaum

Doch mein Herz schlug anderswo
Wollt nach Westen weiter ziehn
Ja, wir waren glücklich, froh
Blondes Mädchen irgendwo
Du warst unbeschreiblich schön

Eines Tags, da spürte ich
Dieses Fernweh nach Asphalt
Wusste doch, ich liebe Dich
Doch es schien absonderlich
Phoenix macht mich nicht mehr alt

Lächelnd nahm ich Deine Hand
Küste Deine Tränen fort
Als mein Pickup dann verschwand
Winktest Du mit schwerer Hand
Und bliebst stehn noch lang am Ort

Phoenix lag lang hinter mir
Musst´ nach Westen weiter ziehn
Irgendwann, so gegen Vier
Schrieb ´ne SMS ich Dir
Willst Du denn nicht mit mir gehn?

Doch du schwiegst, mein Phone blieb stumm
Und ich war schon weit, so weit
Dachte schon, Du nimmst mirs krumm
Diese Trennung, die so dumm
Lang vorbei schien unsere Zeit

Da, im Radio, dieser Song!
Diese Stimme, das warst Du!
Riefst nach mir, nun komm doch schon!
Oh mein Gott, was für ein Song!
Und vorbei war's mit der Ruh!

Wendete den Wagen schnell!
Fuhr zu Dir, mein Phoenix-Star!
Jene Stund war hell, so hell
Fuhr zu Dir, nach Phoenix schnell!
Plötzlich schien das Leben klar!

Irgendwo am Straßenrand
Standst Du noch und winktest mir
Habe Dich sofort erkannt
Tränenschwer am Straßenrand
Jetzt bleib ich für immer Dir!

Traf Dich in der großen Stadt
Dort in Phoenix, irgendwo
Wo das Glück 'nen Namen hat
Dort in dieser Riesenstadt
Wurden wir gemeinsam froh

Und der Westen blieb nicht fern
Nach Los Angeles wir zwei!
Blondes Mädchen, Du mein Stern
Hollywood war nicht mehr fern
Phoenix machte uns so frei!

Immer auf der langen Fahrt
Mal nach West und mal nach Süd
Unsre Herzen blieben stark
Wir zwei auf der großen Fahrt
Weil ich Dich für immer lieb!

Für meine Mama

Manchmal sagtest Du, es geht vorbei
Und ich saß nur da und schwieg
und weinte auch
Weils bei mir mal wieder schiefgegangen war
Doch dann lief ich los
Ins Leben – lachte laut
Und Du schautest mir noch lange nach
Und an Weihnachten brannten
Echte Kerzen – in unseren Herzen

Ich war so voller Tatendrang
Und wollte noch so viel
Und manchmal auch zu viel
Lief fort und kam doch wieder heim
Zu Dir – zu meiner stetigen Geborgenheit
Und wir waren glücklich und so froh
Und auch zufrieden
Wo heute manchmal fehlt
mir die Bescheidenheit

Was waren das für Jahre
Meine Mama, ach
Ich liebe Dich und so wird's auch immer
bleiben – ich bin Dein Kind – für immer
So ist es eben – Mutter und Sohn
Und sonst gibt's nichts
Das war seit Generationen so
Wir sind füreinander da
Und doch sind's einfach viel zu wenig Worte
Für Dich, meine Mama

Star

Im weiten Rund
Der dunklen Bühne
Ein Lichtstrahl - hell und gleißend weiß
Es ist so heiß
Er starrt ins Licht
Und er ist kühne
Und er hat Angst – wohl auch
Und hat 'ne Melodie im Bauch
Auch
Das Licht beginnt zu tanzen
Wie seine Stimme
Er will jetzt fliehen
Und bleibt
Geht vorsichtig ans Mikrofon
Steht still
Und holt tief Luft
Schaut nach oben
Und nach unten – auch
Und hat 'ne Melodie im Bauch
Die will jetzt raus
Sie muss!
Sie kann!
Er will jetzt endlich los
Will aufbrechen
In seine magisch ferne Welt
Und er taucht ein
In diese Melodie
Seiner zügellosen Träume
Die ihn umschwärmt
Wie ein Hauch

Auch
Ja, das ist´s, was er so oft gewollt
Er sieht nichts mehr
Er fühlt und er fliegt
Ins Unerreichbare
Ins Licht
Mitten hinein
Und steht doch auf dieser Bühne
Die Sitzreihen sind
Leer
Und er weint und singt
So wundervoll
So unerreicht
So unbeschreiblich
Was für ein Meer – nein
Was für ein Ozean
Der Gefühle
Des Glücks
Der Unerreichbarkeit
Bis sie verklingt
Die Melodie
Seiner besten Träume
Und er steht vorm Mikrofon
Erwacht
Und holt tief Luft
Und schweigt – auch
Und er geht
Seinen Träumen
Nun entgegen
Von irgendwoher
Applaus - ein Märchen?
Auch!

Erinnerungen

Es zog die Karawan durchs Land
Von fern, vom fernen Schlesienland
Nach Deutschland ging´s, durch kalte Zeit
Nie war ein Mensch dazu bereit
Sie sollten fort vom Heimatland!

Von fern dröhnt schon die östlich Front
Die hat das Land und nichts verschont
Ein Grollen zieht am Firmament
Und jeder greift zum letzten Hemd
Man hat hier doch so lang gewohnt

Kein Blick zurück zu jener Stadt
Dort, wo man einstmals froh und satt
Nur an der Oder steht ein Kind
Es weint in den Kanonenwind,
weil´s nun die Freunde nicht mehr hat

Schon dröhnt ein Panzerwagen laut
Das Kind steht still und schaut und schaut
Längst müsst es ziehn ins deutsche Land,
Wo auch manch Haus längst abgebrannt
Und heiß wird's ihm auf seiner Haut

Ich frag, wo sind die Eltern hin,
Von diesem kleinen Schlesienkind?
Und plötzlich spricht das Kind den Fluch
Im Heimathaus, im Gasgeruch
Den trug längst fort des Krieges Wind

Da riss es die Familien tot,
im Morgen- und im Abendrot
Die Männer blieben in der Stadt
Ob Schlesien doch noch Hoffnung hat?
Das Kind isst nie mehr Himbeerbrot!

Die Menschen, die geflohen sind,
vermissen auch dies kleine Kind
Und sie vermissen Haus und Mann
Den Frieden auch – wohl irgendwann
Ob anderswo sie anders sind?

Und an der Neiße, überm Fluss,
da gab es keinen Gottesgruß
Da stolpern übern Pontonsteg
die Menschen, die vom Krieg verweht
Die Heimat starb in Schutt und Ruß

Ach Schlesien, du bist weit, so weit
Und weit ist auch die beste Zeit
Nur die Erinnerungen ziehn
durch alle Trauer mitten hin
Die Tränen zolln vom großen Leid

So viele sind jetzt irgendwo
Und Schlesien ward einst nimmer froh!
Die Menschen, dies einst ausgemacht,
sind fort, vertrieben von der Schlacht!
Und manchem Kind ging´s ebenso!

Da zieh ich hin am heutgen Tag
Will Antwort auf so manche Frag
Mein Schlesien will ich wieder sehn
Vielleicht will ich dann nie mehr gehn?
Vielleicht kommt auch mein´ große Klag?

Doch wie ich durch die Straßen geh,
ist´s Winter mir, im Herz liegt Schnee
Und wo mein Haus gestanden hat,
gähnt heute noch ein tiefes Grab
Ich schweig, doch schreit in mir die Seel

Trotzdem sind neue Menschen hier
Auch das ist gut – da stirbt nichts mehr
Und wie zu jener fernen Stund,
als meine Seel, mein Herz so wund,
ist wieder neue Hoffnung hier

Und meine Stimme spricht und singt
ein leises Lied von einem Kind
Das stand am Oderufer dort,
bis es die Flammen nahmen fort
Ich weiß, dass das niemals verklingt

Da, plötzlich stimmen alle ein
in jenes *Schlesien-Liedelein*
Das Kind fliegt übers Himmelszelt
Und trägt nun Friede um die Welt
Es wollt doch nie gestorben sein

Mir ist's, als sei sie noch ganz nah,
die Flüchtlingskarawane, da!
Seht ihr sie auch? Hört ihr die Front?
Sie hatte keinen einst verschont!
Mein Schlesien starb!
Ist doch noch da!

Nordwind

Wenn der Wind von Norden weht,
kommt auch die Erinnerung
an die Zeit, die in mir steht
Doch die Träume sind verweht
Und die Seele weint, ist wund

Was für eine schöne Zeit
Irgendwo am Rand der Welt
Alles Glück schien nicht mehr weit
Irgendwo am Rand der Zeit
Mir war klar, dass das nicht hält

Plötzlich kam ein Regentag
Alles wurde kalt und fremd
Irgendwann in jener Stadt
kam ein kalter Regentag,
der uns viel zu schnell getrennt

Und ich ging ein letztes Mal,
ließ Dich irgendwo zurück
Was für eine Seelenqual
Dich zu sehn – ein letztes Mal
Jenseits von dem großen Glück

Einsamkeit zog in mein Herz
Nirgendwo fand ich noch Sinn
Alles Beten himmelwärts
traf mich doch nur tief ins Herz
Will zu Dir nur wieder hin

Wenn der Wind von Norden weht,
spür ich einen neuen Tag
Nein, es ist noch nicht zu spät,
auch wenn mancher Wind kühl weht
Weil ich doch noch Hoffnung hab

Flammen

Es zügeln die Flammen,
verschlingen das Haus
Die Menschen da drinnen
sind lang noch nicht raus
Ach helft doch den Leuten
Sie brennen ja schon
Wie gut, dass ich nicht
in jenem Haus wohn

Es töten die Flammen,
das Haus ist lang fort
Und auch all die Menschen
Man fragt: *„War das Mord?"*
Doch keiner will´s glauben
Man sucht nach der Schuld
Warum das Gerede
Warum die Geduld

Es sterben die Flammen
Ein neues Haus steht
Und auch neue Menschen
Ob das wohl gut geht?
Und keiner stellt Fragen
Man sieht ja nichts mehr
Und wieder kommt scheinheilig
Frieden einher

Der Tote

Ein Toter ward am Fluss gefunden
Ich habs gesehn
Er lag so steif
Und sein Gesicht war gar nicht zerschunden
Ein Toter ward am Fluss gefunden
Er lag nur da im Morgenreif

Wir standen bleich und arg erschrocken
Man sieht gar selten solch ein Bild
Er lag, als wollte er uns schocken
Wir standen bleich und arg erschrocken
Er hat uns tief ins Herz gezielt

Gar Vieles könnte man jetzt sagen
Doch tot bleibt tot, da hilft nicht viel
Und selten ist man sich im Klaren
Gar Vieles könnte man jetzt sagen
Ist´s wirklich Tod oder nur Spiel

Ein Toter ward am Fluss gefunden
Er lag nur da, so bleich und kalt
Und nichts an ihm war da zerschunden
Man hat ihn einfach nur gefunden
So mancher wird heut nicht sehr alt

Vogel

Es ist ein Vogel einst geflogen
Der Vogel brachte Glück und Licht
Und deshalb bin ich losgezogen
Doch fand ich diesen Vogel nicht

Wo mag der Vogel denn bloß leben?
Ich möcht ihn wirklich endlich sehn
Der Vogel könnt mir Freude geben
Und fliegen könnt´ ich, wunderschön

Da kam ich an im fernen Lande
und sah den Vogel – er war tot!
Mein Traum zerrann im heißen Sande
Und ich litt wieder arge Not

Vor Jahren ist das Tier gestorben
Hab an den Vogel oft gedacht
Ich sehnt nach ihm mich jeden Morgen,
dass er mich führt aus tiefster Nacht

Wohl sollt ich ohne Vogel leben!
Denn ich bin selbst mein eigner Herr!
Ich kann nicht fliegen, doch verstehen!
Ich brauche keinen Vogel mehr!

Menschenleeres Haus

Menschenleer ist dieses Haus
Blumen fehlen, Türen, Luft
Keine Katze, keine Maus
Nur ein Vöglein ist's, das ruft

Höre zu dem kleinen Tier,
dass so viele Töne bringt
In dem Haus, das menschenleer
Wo nicht mal ein Radio singt

Plötzlich bin ich nicht allein,
denn mir scheint, da ist noch wer
Geh ins Badezimmer rein
Dieses ist nicht öd und leer

Denn dort planscht ein Kind, welch Freud
Voller Glück, mit lautem Ton
Und ich schaue wie betäubt
Wem gehört nur dieser Sohn?

In dem menschenleeren Haus
Ist es da, bringt Leben her
Da fällt ab so mancher Graus
Gar nichts ist mehr wie vorher

Menschenleer war dieses Haus
Menschenleer doch jetzt nicht mehr
Wozu brauch ich Katz und Maus
Wenn laut lacht manch Kinde hier

Unterm Baum

Ach Du schwaches Bäumchen mein
Hast mich vorm Regen gut beschützt
Und auch behütet Laus und Stein
Ach Du schwaches Bäumchen mein
Sei wohl geliebt und stets begrüßt

Dein zartes Blattwerk widerstand
Am Wurzelwerk hab ich´s gespürt
Du bliebst doch grün und frisch im Land
Dein zartes Blattwerk widerstand
Hab drunter meine Maid verführt

Ob es nun regnet oder schneit
Ob der Orkan Dich beinah knickt
Hier hab ich Liebe, Traum und Freud
Ob es nun regnet oder schneit
Du bist für mich vom Glück ein Stück

Hofgang in der Nacht

Häftling Nummer Drei-Vier-Acht
zieht durch Regen und die Nacht
Zwanzig sind sie an der Zahl
Gehen durch ein tiefes Tal
Stolpern durch die dunkle Nacht

Keiner fragt sie, sie sind stumm
Laufen nur im Kreis herum
Irgendwo in einem Knast
haben sie die Zeit verpasst
Laufen nur im Kreis herum

Und der Häftling schaut sich um
Läuft nicht aufrecht, läuft so krumm
Und der Wärter schreit ihn an:
„Los geh weiter, schneller, Mann!"
Er läuft weiter, ängstlich, krumm

Dabei träumt er nur vom Glück
Von der Freiheit, nur ein Stück
Doch der Traum stirbt in der Nacht
Niemals mehr die Sonne lacht
Von der Freiheit gibt's kein Stück

Damals war's, er wurde schwach
Dachte wohl nicht lange nach
Schoss auf Menschen, zwei- dreimal
Schoss sich selbst ins Jammertal
Nein, er dachte gar nicht nach

Für Sekunden unbedacht
Für ein Leben in der Nacht
Regen im Laternenlicht
Nein, die Freiheit gibt's hier nicht
Nur die furchtbar kalte Nacht

Und er zittert und er friert,
bis man ihn zur Zelle führt
Mit fünf andern ist er dort
Nein, das ist kein schöner Ort
Wärter sind so ungerührt

So vergeht das Jahr, die Zeit
Freiheit ist unendlich weit
Häftling Nummer Drei-Vier-Acht
weiß nicht, wie die Sonne lacht
Und die Hoffnung ist so weit

Irgendein Artikel schreibt:
„Ein Häftling starb in Dunkelheit!"
Wohl war's auch kein guter Mann
Man fand ihn irgendwo – und wann
Am tristen Ende aller Zeit

Septemberhymne

Ein böser Traum in kalter Nacht
Ich sah New York in seiner Pracht
Doch über allem sah ich auch
Zwei Türme, brennend, schwarzen Rauch

Ein Flugzeug rast in einen Turm
Ein zweites auch, ein drittes schon
Und Menschen springen in den Tod
Ich sah die Angst, den Hass, die Not

Längst stand der Schweiß auf meiner Stirn
Längst kollabiert mein schlafend´ Hirn
Wo stolz zwei Türme ragten, ach
Da hielt der Tod die Stadt in Schach

Der Atem stockte lähmend mir
Wo kam nur all der Albtraum her
Ich wurde wach, so gegen Drei
Und zitterte!
Mein Traum – vorbei?

Im Radio am nächsten Tag
Brach die Musik ganz plötzlich ab
Ne Meldung aus New York, welch Schock
Der 11.09. war´s, mein Gott!

Der Taxifahrer

Es hat geregnet, stundenlang
Er sah durchs Fenster auf die Straß
Die Nacht verging minutenlang
Und er fuhr Taxi - stundenlang
Der Asphalt glänzte regennass

Manch Träume kamen in ihm hoch
Was wäre, wenn es anders wär?
Wenn er mal käm aus diesem Loch
Die Hoffnung war da immer noch
Wär dann dies Leben nicht mehr schwer?

Ganz einfach weg sein – irgendwo
Und fliehen aus dem Alltagstrott
Dorthin, wo alle Menschen froh
Ganz neu beginnen – einfach so
Sein Taxi war doch eh nur Schrott!

Die Frau, die Kinder – Spießigkeit
Und irgendwann ein kleines Haus
Und irgendwann Verdrießlichkeit
Und sterben an der Müßigkeit
Das hält doch keiner ewig aus!

Ganz leise schlich er sich davon
Hinaus, wo kühl der Regen fiel
Die Nacht empfing ihn ohne Hohn
Er sah zum Haus, zu Frau und Sohn
Die ahnten nichts von seinem Ziel

Und er fuhr los, ins ferne *Nichts*
Der Regen wusch die Straßen frei
Er schien so fern des hellen Lichts
Die Nacht schluckt alles oder nichts
Und mancher Traum bricht da entzwei

Er war gefahren stundenlang
Längst lag die Stadt schwarz hinter ihm
Die Zeit verging wohl ewig lang
Und seine Seel' geriet in Brand
Er wollt nur fort – irgendwohin!

Am Flugplatz hielt er endlich an
Sollt er jetzt fliegen ganz weit weg?
Er war gefahren stundenlang
Und mancher Traum hält ewig an
Wirft man so schnell sein Leben weg?

Er nahm sein Geld und zählte es
Es würde reichen – einmal hin!
Da blieb nichts übrig, nicht ein Rest
Was, wenn man alles jetzt verlässt?
Sein Herz schlug schnell tief in ihm drin

Und er stieg aus, lief schnell davon,
blieb stehen, blickte kurz zurück
Sein Taxi, seine Frau, sein Sohn
Er war zu weit entfernt wohl schon
Lag vor ihm nun der Traum, sein Glück?

Da sank er nieder und er schrie!
Jedoch ansonsten blieb es still
Was sollt nur werden – was und wie?
Er war gesunken auf die Knie
Und längst verblasst sein großes Ziel

Die Hände schmutzig, auch die Knie
Ganz langsam stand er wieder auf
Warum jetzt hoffen – was und wie
Es wird schon gehen – irgendwie
Der große Traum? Er pfiff darauf!

Er setzte sich ins Auto schnell
und fuhr zurück in seine Stadt
Der Horizont ward langsam hell
Von irgendwo drang Hundgebell
Dort, wo er sein Zuhause hat

Und eh der Morgen da begann,
saß er daheim am Frühstückstisch
Die Frau starrt´ ihn sehr lange an
„Hast Du geträumt, mein lieber Mann?"
Er hat die Tränen schnell verwischt

Und nahm den Sohn in seinen Arm
Die Zeit verging ein kleines Stück
In seinem Herz war's wohlig warm
Mit Frau und Sohn in seinem Arm
fand er zurück zu seinem Glück

An manchem Tag, in mancher Nacht,
da fuhr er Taxi – auch mit Spaß
Er hat sich nicht davongemacht
Und mancher Traum verging ganz sacht
Und mancher Asphalt glänzte nass

Die Herde

Und die Herde, die zieht weiter
Starker Sturm verweht die Spur
Dieser Winter ist nicht heiter
Und die Herde zieht schon weiter
Schreie halln durch Wald und Flur

Manches Kälbchen friert, ist müde
Bleibt vielleicht schon bald zurück
Es ist kalt und es ist trübe
Doch die Herde wird nicht müde
Kämpft voran sich Stück um Stück

Wölfe harren da am Rande
Haben Hunger immerfort
Doch der Herde wird's nicht bange
Sieht die Wölfe da am Rande
Und zieht immer weiter fort

Doch der Sturm wird immer stärker
Schon bleibt manches Kalb zurück
Auch die Wölfe machen Ärger
Und der Schneesturm wird noch stärker
Bis zum See ist's noch ein Stück

Nein, die Wölfe wolln nicht jagen
Nehmen schwache Kälbchen sich
Es ist hart in diesen Tagen
Sehr viel Kraft fehlt da zum Jagen
Winterzeit ist fürchterlich

Doch die Herde zieht schon weiter
Nichts hält sie an einem Ort
Ausgemergelt ihre Leiber
Und die Tiere ziehen weiter
Und sind längst schon wieder fort

Durch den Sturm und durch die Lande
Führt ihr Weg von See zu See
Mancher Wolf wacht da am Rande
Tod, Verderben auch im Sande
Und manch Spur verwischt im Schnee

Die Abhängige

Ich treff sie dort, wo alles leer
In jener Bronx, am Rand der Zeit
Das Lachen fällt ihr schwer, so schwer
Und machen Traum, den gibt's nicht mehr
So manche Hoffnung scheint so weit

Die Spritze in der rechten Hand,
den Stoff fest in der linken Faust
Ansonsten total abgebrannt
So lehnt sie weinend an der Wand
Ein Dealer um die Ecke saust

Ich frage sie, wie's sonst noch steht
Ist sie alleine oder nicht?
Sie sagt, ihr Leben sei verdreht
Für Kind und Mann sei's längst zu spät
Nur manchmal Sex – jenseits vom Licht

Für zwanzig Dollar – irgendwo
Dann reicht's auch für den nächsten Schuss
Sie meint, ihr Leben sei halt so!
Für wenig Geld ins Nirgendwo!
So sollt es sein wohl bis zum Schluss

Der Regen wäscht die Stufen ab,
auf welche sie ganz plötzlich sinkt
Ich will ihr helfen – sie winkt ab!
Am End nur ein Ruinengrab!
Hier, wo es nur nach Abfall stinkt!

Sie schließt die Augen sanft und lieb,
wie manches Kind, das schlafen will
Was für ein Schicksal sie wohl trieb
an jenen Ort, wo's ewig trüb
Sie liegt nur da und schläft ganz still

Wohl kann ich nichts mehr für sie tun
Längst ist sie fort – in ihrem Traum
So barfuß in zu engen Schuhn
sollt auf manch Stufen man nicht ruhn
Den reichen Segen gibt's hier kaum

Es ist schon Nacht, so gegen Drei,
da fahr ich ins Hotel zurück
In jener Welt, wo alles frei,
hört niemand mehr den stummen Schrei,
den Drogentod, fernab vom Glück

Da spricht ein Pfarrer im TV
Und viele andre nicken brav
Man stellt die Armen dann zur Schau
Und spricht ansonsten klug und schlau
Und legt sich dann zum süßen Schlaf

Ich sah sie dort, wo alles schwer
In jener Bronx, am Rand der Zeit
Die junge Frau gibt es nicht mehr
Sie starb ganz einsam, wortlos, leer
Und meine Hoffnung ist so weit

Tony – oder so

Es war einmal und ist nicht mehr
Ja, er hieß Tony - oder so
Sein Leben war nie öd und schwer
sein Tag recht gut und er schien froh

Zwar lebte er mit seinem Sohn
allein im Haus, ganz ohne Frau
Jedoch bekam er guten Lohn
War redlich immer und genau

Doch irgendwann, in dunkler Nacht,
da wollt er Spaß und nicht zu knapp
Er hat sich auf den Weg gemacht
Wollt endlich feiern, richtig satt

Sonst ging er nie in trübe Bars
Die Nacht stand ihm nicht im Gesicht
An irgendeinem Tage war´s,
da scheute er das Tageslicht

Die Bar „*Zum allerletzten Spiel*"
lag nah beim Kiez, im roten Licht
Er ging dorthin und trank sehr viel
Und fand das Ende plötzlich nicht

Die Damen küssten ihn ganz sanft
und wollten Sex – und wollten mehr
Er fühlte sich ganz unverkrampft
Er sehnte sich was Schönes her

Den Frust, das Pech versoff er dort
Für ein paar Stunden selig sein
Dann trollte er sich einsam fort
Und wollte immer noch nicht heim

Doch ohne Geld ging´s nicht sehr toll!
Die Nacht verschluckte allen Lohn!
Er war am End und ziemlich voll!
Zu Hause schlief allein der Sohn!

Wieso jetzt artig weiter ziehn?
Warum nach Hause ohne Wort?
Weshalb den Alltag, der nicht schön?
Weswegen stets derselbe Ort?

Da stand die Tankstelle vor ihm!
Was wäre, wenn er einbricht dort?
Nach *Irgendwas* stand ihm der Sinn
Er brauchte Abenteuersport!

In einer Pfütze lag ein Colt
Ne echte Knarre, einfach so
In seinem Herz – Millionen Volt!
In seinem Hirn – nur trocknes Stroh!

Er nahm den Colt und stürmte los,
in jene Tankstelle hinein!
Jetzt fühlte er sich endlich groß -
jetzt konnt er endlich mutig sein!

Er schrie: *„Das Geld raus, alles, los!"*
Und drückte seinen scharfen Colt
an der Kassiererinnen Hos´
Damit der Rubel wieder rollt!

Doch die Kassiererin war schnell
Sie schlug ihm mitten ins Gesicht
Ein Schuss ertönte – ziemlich grell
Und es erlosch das Deckenlicht

Als dann ein scharfer Lichtstrahl fiel,
lag die Kassiererin vor ihm
Die Polizei kam schnell ins Spiel
Die leuchtete überall hin

Sie nahmen ihn mit aufs Revier
Er war nur starr und dachte nichts
In jener Nacht, so gegen Vier,
schien er so jenseits allen Lichts

Man sperrte ihn in einen Raum,
so klein, so dunkel und so kalt
Ein Menschenleben – aus der Traum!
So mancher wird im Knast steinalt!

„Zwölf Jahre" hieß das Urteil bald!
Und dann ins Irrenhaus vielleicht?
In jedem Knast ist´s bitterkalt,
wo´s Unheil durch die Gitter streicht!

Den Sohn sah er sehr selten nur
Verkauft das Haus, verschenkt das Glück!
Bis stehen blieb die Lebensuhr
Der Wahnsinn ihn zum Tode trieb!

Es war einmal – und ist nie mehr
Ja, er hieß Tony – oder so
Sein Tag, sein Leben schien kaum schwer
Nur jener Tag, an dem er floh

Der Autist

Er war noch jung – ein Junge noch
Und doch so fremd von dieser Welt
Er schien recht glücklich – immer noch
Und lebte nicht im dunklen Loch
Und war so sanft, verstand, was zählt

Oft sagte man: *„Der ist verrückt!*
Der tickt nicht richtig irgendwo!"
Manchmal schien er der Welt entrückt
Man sagte: *„Ach, der ist verrückt!*
Der merkt doch nichts, wird niemals froh!"

Doch seine Mutter liebte ihn,
auch, wenn er anders war und schwieg
Für sie war er der Lebenssinn!
Vielleicht sogar der Hauptgewinn?
Er hatte alle Menschen lieb

Denn wenn er lachte, fröhlich war,
dann schien die Welt, das Glück perfekt
Dann schien fast alles sonnenklar
Und nichts blieb mehr so wie´s sonst war!
Er war doch klug und aufgeweckt!

Jedoch verging die Zeit - die Zeit
Er hat gespürt, man wollt ihn nicht
Er wusste um der Mutter Leid
Da lief er fort, so weit, so weit
Ein sanftes Lächeln im Gesicht

Der Mutter hat er nichts gesagt
Er lief und lief bis an das Meer
Nie hatte er geflucht, geklagt
Und auch der Mutter nichts gesagt
Das Meeresrauschen wog so schwer

Noch einmal schaute er sich um
Da war niemand am kahlen Strand
Er war ein Junge noch, so jung
Vielleicht verrückt, doch niemals dumm,
als er vor Gott so einsam stand

Ganz plötzlich rief jemand nach ihm,
dort draußen auf dem weiten Meer
Wer war das nur? Wo lag der Sinn?
Er lief ins Wasser einfach hin
Man sah ihn später nimmermehr

„Komm heim, komm heim, du liebes Kind
Bei mir hier bist Du nie allein
Dort, wo die Kinder Engel sind,
wach ich bei Dir, mein liebes Kind
Komm lass und jetzt zusammen sein!"

Die Welt dort draußen war zu kalt!
Er wollte nicht mehr draußen sein!
Die Tür, die offen einen Spalt,
war plötzlich einfach zugeknallt!
In seiner Welt blieb er allein!

Er war so jung – ein Junge noch
Nur seine Spur blieb da im Sand
Und leise summt am Strand der Wind
Die Mutter weinte um ihr Kind,
denn es ergriff wohl Gottes Hand

Soldaten-Sang

Die alte Bank am Grabeshain
Versteckt lag sie, man sah sie nicht
Ein Regen fiel auf sie herein,
auf jene Bank am Grabeshain
Sie stand im Trüben, nicht im Licht

Ich setzt´ mich kurz, wollt wieder gehn,
schaut´ flüchtig nur zum Grabesstein
Ein Junge lag dort, ungesehn
Ich wollt beizeiten wieder gehn
Verschnaufte auf der Bank allein

Der Junge starb vor vierzig Jahrn
Es war ein Einsatz der Armee
Ein junger Mann mit schwarzen Haan
Ein Junge noch - von achtzehn Jahrn -
starb irgendwo im letzten Schnee

Als ich so saß, kam hinterm Baum
ein alter Mann hervor und schwieg
Er war so schmal, ich glaubt es kaum
Er zitterte leicht unterm Baum
und summte leis ein kleines Lied

Es war wohl ein Soldaten-Sang
Der Alte weinte manche Stroph´
An jenem Ort minutenlang,
da weinten wir beim Trauer-Sang,
in diesem winzgen Grabeshof

Ich sah dem Alten ins Gesicht
und wusste plötzlich, wer es war
Der Junge war´s im Regenlicht!
Es war ganz sicher sein Gesicht!
Sein Bild am Grabstein war noch da!

So stand ich auf von meiner Bank
und schritt zu jenem Manne hin
Noch schwiegen wir sekundenlang
Wir summten den Soldaten-Sang
Was für ein sonderbarer Sinn

Als ich so war ganz nah bei ihm,
da stach mich etwas tief ins Herz
Auf einmal hatte alles Sinn!
Die Langeweile flog dahin
An jenem Tag im Monat März

Das Lied verklang, der Regen fiel
auf jenen Grabstein und auf mich
Ich hatte Fragen, ach, so viel
Ja, oft verschwimmt das eigne Ziel
Oft schmerzt das Herz ganz fürchterlich

Der Alte lächelte mich an
und raunte dann: *„Mach´s besser Du!"*
Ich nickte schnell so dann und wann
Alsbald verschwand der alte Mann,
und nahm mit alle Grabesruh

Da stand ich unterm Blätterdach
und unterm Regen, der so stark
Ich setzt mich wieder, dachte nach
und schaut´ zum Grabstein ziemlich wach,
an dem verklärten Frühlingstag

Das Bild am Grabstein fiel herab
Ich hob es auf und sah es an
Und legts zurück aufs trübe Grab,
tief ins Geäst, wo´s trocken lag,
zu jenem alten jungen Mann

Ich musste weiter in die Stadt!
Dorthin, wo alles wichtig scheint!
Wo niemand Zeit zum Fühlen hat!
Wo keiner denkt an Tod und Grab!
Wo man nur selten ehrlich weint!

Noch einmal drehte ich mich um
zum Grabeshain, zur alten Bank
Der Grabstein der so tot und krumm,
schien voller Leben jetzt, nicht stumm
Leis summt ich den Soldaten-Sang

Die Barfrau

Sie war allein mit einem Kind
Sie suchte nach dem großen Glück
Dort, wo die Träume *Träume* sind,
war sie allein mit ihrem Kind
Und wollt vom Leben auch ein Stück

Die zwölfte Straße jener Stadt,
im Hinterhof, dort in der Bar
Da wo man keinen Namen hat,
in dieser riesig kalten Stadt,
war sie allabendlich der Star

Die Männer fanden sie ganz toll
Und jeder wollt mal bei ihr sein
Sie war so schön, nicht männertoll
Und füllte alle Gläser voll
Und blieb doch stets für sich allein

Ihr blondes Haar zurechtgemacht
Die Lippen rot, das Röckchen knapp,
hat sie gesungen - chic, nicht sacht
Und viel gelacht die ganze Nacht
Und viel geweint an manchem Tag

Bei all dem Trubel in der Bar,
in jener zwölften Seitenstraß,
schien ihr doch stets so sonnenklar,
dass sie hier niemals glücklich war
Sie wollte hier nie wirklich Spaß

Vielleicht sollt sie ganz einfach fliehn?
Ins ferne Land am blauen Meer?
Ganz einfach zu den Träumen ziehn?
Und niemals mehr nach hinten sehn?
Doch ohne Kind wär´s tränenschwer!

Still wischte sie die Tränen fort
Und schenkte noch mal kräftig ein
An diesem trüben lauten Ort,
da wischte sie die Träume fort
Und friedlich schlief ihr Kind daheim

Als sie dann ging im Morgentau,
schloss sie die Tür der Bar schnell ab
Das Märchen von der starken Frau -
Sie kannte es wohl sehr genau
Sie hasste ihren Rock, der knapp

Zuhaus am Bett des Sohnes dann,
strich weinend sie ihm übers Haar
Sie war allein und ohne Mann
Und in der Bar ging´s immer lang!
Es war so wie es eben war!

Und als im Traum der Kleine sprach,
da wusste sie, wofür sie´s tat
Da dachte sie nicht lang mehr nach
Vergaß das ganze Weh und Ach
Und das, was man nicht denken mag

So schlief sie ein bei ihrem Kind,
wohl wissend, dass sie kämpfen muss!
Ums Mietshaus wehte leis ein Wind
Daheim, wo Glück und Träume sind,
gab sie dem Kleinen einen Kuss

Die Wahrsagerin

Tagtäglich so ab sieben Uhr
ist sie vor Ort – ihr Lächeln pur!
Sie ist stets auf dem letzten Stand,
und hört sich alle Sorgen an

Sie gibt manch Rat und warnt auch mal
Sie fühlt sich wohl, kennt keine Qual
Bei jedem sieht sie Reichtum, Glück,
dass niemals kommt ein Missgeschick

Ja, sie verkauft manch Sehnsuchtstraum
Und schwärmt von Sekt mit ganz viel Schaum
Sie ist die Fernsehqueen, hat Geld!
Man kennt sie auf der ganzen Welt!

Doch irgendwann gen Mitternacht,
die Kameras längst ausgemacht,
da spürt sie plötzlich einen Stich!
Im Herzen schmerzt es fürchterlich!

Ein Schwindel zieht durch Aug und Hirn
Und Schweiß tropft schwer ihr von der Stirn
Sie weiß nichts mehr – was ist nur los?
Sie ruft ganz laut: *„Was mach ich bloß!"*

Doch schlägt nur Schweigen da zurück!
Panische Angst, sie wird verrückt!
Und ihre Seele sinkt behänd
Dorthin, wo man sie nicht mehr kennt!

Vorbei an all den Menschen fällt
sie nach unten und zerschellt!
All jene Wünsche, all das Glück
was sie einst riet, bleibt weit zurück!

Und wie sie liegt am tiefsten Punkt,
und nichts mehr sieht und nichts mehr summt,
da spricht jemand zu ihr ganz leis:
„Dies ist für all dein Glück der Preis!"

Wie Schuppen fällts ihr da vom Blick
Sie muss nach Haus! Sie muss zurück!
Denn all die Wünsche, all das Geld,
sind wohl nicht das, was wirklich zählt!

Und all die Worte, die sie sprach,
all jene Weissagungen, ach,
die bringen nichts und sind nicht echt!
Man macht es niemals allen recht!

Am End bleibt nur der eigne Weg,
den man sehr selten recht versteht!
Das einzige, was wirklich gut,
bleibt nur das Leben, ist das Blut!

Ganz langsam steht sie wieder auf,
kommt ganz real zum Licht herauf
Und sie beginnt den neuen Tag
mit klarem Blick und ohne Frag

Sie weiß es jetzt und fühlt sofort
Man muss nicht ewig sein vor Ort!
Kein Mensch weiß überall Bescheid!
Das wahre Glück kommt mit der Zeit

Die Hafenbar

Mir ging es schlecht, der Kopf wog schwer
So lief ich in der Stadt umher
Fand gleich am Hafen diese Bar,
die ganz aus Holz, gemütlich war

Am Tresen stand ´ne kleine Frau,
mit süßem Lächeln, Augen blau
Sie fragte mich, was mit mir sei,
und lud mich ein – ganz frank und frei!

Ich setzte mich bei einem Bier
Die Barfrau setzte sich zu mir
Sie war so warmherzig, so lieb
Ihr Blick so manch Geschichte schrieb

Beim zweiten Bier erzählte ich
von meinen Sorgen, anschaulich
Von all dem Dreck um mich herum
Von meinem Leben, das so krumm

Sie hörte zu, hielt meine Hand
Sie meinte, dass sie mich verstand
Mir wurde da so Vieles klar
In jener kleinen Hafenbar

Sie sprach: *„Schau stets nach vorn zum Ziel!*
Der andre Mist zählt nicht mehr viel!
Dort vorn nur liegt der neue Tag!
Geh weiter, denn du bist sehr stark!"

Sie gab mir einen grünen Stein
Er sollt die Hoffnung für mich sein
Ich hielt ihn fest, er war so kühl
Und plötzlich sah ich jenes Ziel

Schnell wollt ich zahlen, wollte gehn
Die Frau doch wollt mein Geld nicht sehn
Sie winkte ab und wünschte mir
ein bisschen Glück, auch ohne Bier

Ich fühlte mich recht gut, recht stark
Und lachte wieder in den Tag
Mein Leben schien mir wieder leicht
Mein Schritt war kraftvoll, gar nicht weich

Am nächsten Tag, früh gegen Acht,
hab ich zur Bar mich aufgemacht
Wollt mich bedanken für den Stein,
bei jener Barfrau, die so klein

Doch als am Hafen ich dann stand,
die Bar ich nirgends wiederfand
Das Haus, wo gestern noch die Bar,
eine Ruine nur noch war

Ich fragte Leute auf der Straß:
„Wo ist die Bar `Zum dunklen Fass`?"
Ein alter Mann erklärte leis,
dass er von diesem Hause weiß

„Die Bar, die einst gestanden stolz,
die brannte ab, weil sie aus Holz!
Und jene Barfrau starb dabei!
Vor zwanzig Jahren war´s – vorbei!"

Recht schweigsam schaute ich aufs Meer,
und wünscht mir jene Barfrau her
Und wie aus einer andren Zeit
hört ich sie singen, so befreit:

„Schau stets nach vorn, zu deinem Ziel!
Der andre Mist zählt nicht mehr viel!
Den Stein halt fest in Hand und Herz!
Leb wohl – und sieh mal himmelwärts!"

Der Achttausender

Staunen, dieser Berg!
Sehnsucht nach dem Berg!
Kann ich, will ich, soll ich?
Schaffe ich das überhaupt?
Ich will! Ja, ich will es!
Nachdenken, abwägen, schlecht träumen,
schwitzen, Hoffnungen auch
Zweifeln, nachrechnen, abwehren, negieren,
abwarten, schweigen, sein lassen
Neu betrachten, Bilder ansehen,
Berg von weitem betrachten, Angst?
Wieder zweifeln, abwägen, wissen,
es wird werden, schwärmen
Planen, erobern wollen, atmen, Herzschlag
spüren, Menschsein fühlen, Ergebenheit
Beginnen, zusammenstellen der Dinge,
der Sinne, der Leute, der Argumente
Darüber sinnieren, bildhaftes Sehen,
nicht genau wissen, Kräfte sammeln
Losgehen, kraftvoll sein, Herzschlag verstecken,
Aufregung, Nervosität, Sicherheit
Zwischenpausen, Rast irgendwo, essen, trinken,
Kraft sammeln und sparen, atmen,
Auf halber Höhe, umkehren?
Atemnot, Gebrechen zeigen sich, Durst, Zittern,
Aussetzer, Flimmern vor den Augen, Zucken in
den Muskeln, Druck auf der Brust
Etwas weiter sein, der Gipfel scheint zu weit,
die Ferne hält auf, dünne Luft, Wut
Wieder eine Nacht, schlafen für morgen

Doch zurück – vielleicht – niemals!
Schwäche, Angst!
Ein neuer Morgen, der Gipfel rückt näher,
die Atemnot schwächt, Sehstörungen, Panik,
ich gehe keinen Schritt mehr, fluchen, schimpfen
– auch auf sich selbst
Wieder ein Stück weiter, Gefühl des Stillstands,
Krankheitsgefühle, schroffe Wände,
Noch ein Stück, Tage zerrinnen wie Wasser,
die Luft fehlt, Kraft wird weniger, Koliken,
Lippenbeißen, Magenbeschwerden, Durchfall,
Erbrechen, Beklemmungen
Der Gipfel scheint plötzlich so nah, doch rückt
nicht näher, Zusammenreißen, Herzrasen, Angst,
Zweifeln, wieder endlose Flüche
Noch ein winziges Stück, es geht nicht mehr,
Hitze und Kälte, Verwirrtheit, Atemnot-
Todesangst, Ausrutscher, kriechen, taumeln,
starker Wille
Wieder eine Nacht, Fragen – war das alles so
richtig, schaffe ich das, Zweifel, Beben,
Stillstand, Umkehrgedanken,
Wetterumschwünge, Gedanken an daheim,
Weinen, Verzweiflung, wieder neue Wut,
Drehschwindel
Sehstörungen, Herzattacken, Schweigen,
Sprachlosigkeit, der Gipfel ist so nah
Irrbilder und Irrlichter, kleine grüne Männchen,
Schwindel, Schmerzen, Sterben?
Eine Jungfrau in den Wolken

Die Wolkendecke ist längst unter dir, blauer
Himmel immerzu, heiße stechende Sonne, Wind,
Orkan, Windstille, heiße Wangen
Der Gipfel und du, Einsamkeit, drei Schritte
noch oder tausend, dann noch einer, geschafft,
endlich geschafft!
Ist das Glück?
Allein mit Gott und der Welt, endlose Liebe,
König der Welt sein, Atemberaubende Stille,
Macht, Sieg, Geborgenheit, Universum,
Unendlichkeit, alles ist möglich
Ergebenheit, Sicherheit, Klarheit, Logik, Stärke
und Kraft, Blick nach unten, noch drei Minuten,
dann wird's Zeit!
Abstieg, Verabschiedung vom Gipfel,
der gesamte Berg unter dir, die Welt rückt näher,
die Sorgen sind noch fern, feuchte Luft,
feuchte Augen
Die Atemnot lässt nach, genügend Luft,
schlechte Laune, Schwitzen, auch Gerede,
Wolkendecke, dann die ersten Wiesen, Bäume,
Kälte und Wärme, Nachdenken, Ruhe in dir, du
hörst deinen Herzschlag, der Herzschlag -
monoton
Die letzten Meter, Freude auf die Lieben,
Dankbarkeit, die Häuser, die Straßen, die
Menschen, die Kühe, die Autos
Ankunft in der Stadt, Blick zurück zum Berg,
der Gipfel ist nicht mehr so fern, innere Freude,
Lächeln, Grinsen, Wärme im Bauch,
Umarmung der Lieben, der Mutter, Umarmung
auch der Welt, Gespräche und Fragen

Raus aus den Klamotten,
den eigenen Körper wieder spüren
Essen, Trinken,
waschen, schlafen, träumen, ruhig werden,
guter Wein
Der nächste Morgen, Konferenzen, Interviews,
Sicherheit, Stärke, ein bisschen mehr Wissen,
Berichte vom Berg,
die Wolken von unten betrachten
Stille und Gedenken, der Berg in der Ferne,
ein Blick zurück, ich kann, alles ist drin
Staunen - dieser Mensch!
Ja, ich schaffe es!
Sehnsucht nach dem Berg!

Der Dicke

Es lebte einst ein dicker Mann
ganz froh und glücklich, leicht sodann!
In seiner kleinen Wohnung auch
ward dick und dicklicher sein Bauch!

Am Morgen schon mit Kaffee, stark,
ganz ohne Müsli oder Quark!
Mit reichlich Kuchen, Schoko-Mus,
ist nach manch Cola lang nicht Schluss!

Mit einem Pfannkuchen im Mund
legt er sich auf die Couch recht rund
Und schaut 'ne Koch-Show mit Genuss
Dazu schmatzt er 'nen Schokokuss

Schon schürt der Appetit mit Frust
und bringt die Gier, die Essenslust!
Nur drei vier Schritte trennen ihn
von seinem Kühlschrank – mit was drin!

Und zähnefletschend, hungrig jetzt,
er schwungvoll durch die Küche hetzt!
Zum dritten Frühstück, nebenbei,
gibt's frisch Gehacktes und ein Ei!

Doch auch der Durst quält fürchterlich
Die Cola auf dem Frühstückstisch
ist schnell geleert, ein Bier muss her!
Ein Hefeweizen, richtig schwer!

Als dann der Dicke liegt recht fein
auf seinem Sofa – fällt ihm ein,
dass bald schon kommt die Mittagszeit!
In seinem Sinn keimt Essens-Freud!

Denn heut gibt's Pizza mit Salat!
Jedoch wird keiner davon satt!
Als zweiten Gang - ein Steak vom Schwein!
Zum Dritten noch ein eisig´ Bein!

Zum Nachtisch noch ein Pudding, ja!
Und Russisch-Wodka, hell und klar!
Als Krönung muss ein Mokka her,
damit das Ganze nicht zu schwer!

Der Dicke ächzt und japst und stöhnt
Hat sich fürwahr zu sehr verwöhnt
Wie tot fällt er aufs Sofa hin
Nach Schlafen steht ihm nun der Sinn

Jedoch hält er es lang nicht aus!
Ihn treibt es fort aus seinem Haus!
Ne Runde um den Ententeich!
Das ist gesund, macht schlank sogleich!

Nach einer halben Runde doch
spürt er, wies Herze springt und pocht
Die Luft wird knapp, der Kopf hochrot
Er fürchtet seinen schnellen Tod

Und flüchtet sich mit letzter Kraft
zum Imbissstand – trinkt Traubensaft!
Dann eine Bratwurst auf den Schreck!
Und noch ein kleines Eis, recht nett!

Mit stolzem Blick, erleichtert fast,
trabt er nach Haus; sein Puls nur rast!
Er braucht jetzt Ruhe ewiglich,
und einen Kaffee – lediglich!

Die Sonne geht, der Abend kommt
Der Dicke sucht nach Essen prompt
Mit einem riesig-runden Brot
und fetter Wurst gibt's keine Not

Gesättigt, müde, träg und schlapp
fällt er ins Bett – so gegen Acht
Doch ohne *Schoki* kommt kein Schlaf
Und ohne Bier sieht er kein Schaf

Beduselt, voll und kiloreich
träumt er von Lecker-Zwiebelfleisch!
Arg schweißgebadet schreckt er auf!
Nur schnell ein Keks mit Honig drauf!

So fängt der neue Morgen an
Das Leben von dem dicken Mann!
Tagtäglich dreht sich alles keck
um Schnitzel, Schoko, Bier und Sekt!

Bis eines Tags, als Regen zieht,
es tut laut einen heftig Hieb!
Und allen Nachbarn ward schnell klar,
dass dies der Bauch des Dicken war

Watt

Er ging ins weite Watt hinaus
Der Mond verklärte seinen Blick
Die Nebel zogen um sein Haus
Er wollt nur in das Watt hinaus
Er war so fern, so weit vom Glück

Noch kam die Flut nicht und er lief
Schon sank er ein in den Morast
So vieles ging im Leben schief,
als niemand seinen Namen rief
Er hatte manche Chance verpasst

Die Uhr schlug Mitternacht sodann
Da gab´s kein Mensch, der ihn so sah
Einst war er wohl ein froher Mann,
der mal verlor und mal gewann,
der immer zuverlässig war

Und er lief weiter, immerfort,
ins weite Watt, wo´s düster ist
An jenem unheilvollen Ort,
da zog er hin, da zog er fort
Ihn hatte wohl niemand vermisst

Es schwammen Wolken vor den Mond
Ein Regen fiel und Kälte zog
Dort, wo vielleicht manch Unhold thront,
wer fragt danach, was sich noch lohnt?
So mancher schreit im Todes-Sog!

Die Einsamkeit fror übers Watt
Am Horizont das weite Meer
Er hatte alles Leben satt
Und ging hinaus ins kalte Watt
Nein, es erfreute ihn nichts mehr

Verwaschen seine Spur im Schlick
Das Wasser stieg, die Flut kam schnell
Da blieb nicht viel vom Wunsch nach Glück!
Vielleicht ein Rest der Spur im Schlick?
Und dunkel war's, und gar nicht hell

Die Wogen schlugen laut zusamm!
Dort, wo er lief, das weite Meer!
Und leis, von fern, ein Trauersang
Wohl kam er längst im Jenseits an
Sein altes Haus am Strand ist leer

Der Elefant

Es war auf einer wirklich langen Reise
Ich war in Asien, ganz fern, wohl irgendwo
Es war ein Urlaub,
ziemlich laut und ziemlich leise
Was für 'ne wunderschöne lange Reise
Oft war ich schweren Mutes,
und war auch manchmal froh

Ich fuhr durch einen weiten dichten Dschungel
Ganz plötzlich stand er da - ein Elefant!
Um meinen Kopf flog eine laute dicke Hummel!
In diesem heißen, viel zu feuchten Dschungel
hat mich das große Elefantentier erkannt!

War ganz allein in dieser tiefen Wildnis
Der große Elefant stand einfach vor mir - nur
Wohl glich ich einem wirklich schlechten Bildnis
mit meiner Angst, in dieser fremden Wildnis
Es war ein Ausflug, eine lange Tagestour

Und plötzlich bohrten da auch meine
tausend Sorgen
All meine dunklen trüben Tage vielleicht, ach
Dem Elefanten blieb das alles nicht verborgen
Er sah mich an und spürte meine
schlimmen Sorgen
Doch fühlt' ich mich bei ihm wie unter einem
sicheren Dach

In seinen Augen bemerkte ich sehr dicke Tränen
Ich hört ihn sagen:
„Nimm das alles nicht so furchtbar schwer!"
Und wo laut heulten hungrige Hyänen,
da weinten wir ganz dicke heiße Tränen
Und plötzlich schien mein Leben nicht mehr öd und leer

Der Elefant bewegte seinen großen Kopfe
Er wollt wohl meinen:
„Komm, jetzt gehe endlich deinen Weg!"
Und alles, was ich jemals dachte, hoffte,
stieß fort der Elefant mit seinem großen Kopfe!
Und mir ward klar, wie alles fortan weitergeht!

Er trug zurück mich zu der Reisegruppe
Die suchten lange überall mich bereits schon
Ich hatte Hunger auf 'ne heiße Erbsensuppe
Und fühlte mich so müd in meiner wachen Urlaubsgruppe
Und wollte doch zurück zu meinem Elefantensohn

Der winkte noch einmal
mit seinen großen Ohren
Und rief von weiten nur:
„Ade! Mach´s besser du!"
Ach, trotz der Hitze wär ich beinahe fast erfroren
Der Elefant,
er winkte mir mit seinen treuen Ohren
Mein Schiff entschwand mit mir
in trügerischer Ruh

Daheim hab oft gedacht ich an den Elefanten
Und manchmal war es mir,
als wär er sehr, sehr nah
Und dort, wo wir uns beide plötzlich fanden,
in jenen fernen, viel zu fernen Landen,
fand ich wohl einen Freund,
den ich doch nie mehr wiedersah

Am Deich

Der Wind verfängt sich in den Weiden,
zerkräuselt manchen Ufersaum
Ich möchte gehen, will nicht bleiben
So anders sind die kalten Zeiten
Auf mancher Welle wiegt nur Schaum

Der Schnee vermischt sich mit dem Regen,
verkühlt die Seele mir behänd
Ich ruf um Hilfe, will den Segen
Und will doch noch so Vieles geben
Doch hinterm Deich mein Nachen brennt

Noch ziehen triste dunkle Wolken,
versperren mir den rechten Weg
Ich fühl mich nicht mehr unbescholten
So vieles scheint nicht abgegolten
So manches Übel lächelt träg

Verschämt zieht Angst durch Herz und Sinne
Nichts scheint mehr richtig oder gut
Fast wie vom Biss der schwarzen Spinne
verschwimmt mein Traum in Trauer-Minne,
und lässt vom Brand mir nur die Glut

Da lichtet sich der Dunst, der Nebel!
Ein letzter Tod, ein letzter Schrei!
Hoch überm Deich schwebt leis ein Segel!
Zerbrochen endlich Hass und Säbel!
Ich atme Hoffnung, frisch und frei!

Blizzard

Schwer sind die Schritte, schwer die Sinne
Ein Sturm fegt über Wies und Feld
Was ich auch immer tu und spinne
Verworren das, was ich gewinne
Kein Sommer mehr, der ewig hält

Ich stapf durch hohe weiße Dünen
Am Horizont ist nichts zu sehn
Ich träum von Wiesen, ach, so grünen
Von sommerlichen summend Bienen
Und bleib doch hin und wieder stehn

Ein Echo hallt um meine Ohren
Wer ist's, der mich hier lautstark ruft?
Wohl scheint mein ganzer Kopf gefroren
Ich fühl mich schlecht und so verloren
in meiner dicken Winterkluft

Doch ist da niemand, nur mein Schatten
Verweht vom Sturm, schon nicht mehr da
Und hinter mir so drei vier Ratten,
die wohl wie ich auch keinen hatten,
die mich gerufen, ziemlich klar

So zieh ich weiter durch die Steppe
Der Blizzard ist so stark wie nie
Auf meiner Brust die Jesuskette
Und hinter mir die weiße Schleppe
Es schmerzt der Kopf, der Leib, das Knie

Kein Haus, kein Hof, nur tiefes Schweigen
Die Macht des Sturms wirft mich zurück
So gern würd ich mir selbst was zeigen
Vielleicht mich auch vor Gott verneigen
Jedoch gibt's hier davon kein Stück

Verbotne Ängste in mir schütteln
Der Waldesrand scheint noch so weit
Wohl will der Sturm mich niederknüppeln
Vereiste Fäuste an mir rütteln
Und ich bin gar nicht mehr gescheit

Im Schweiße jener Fieberträume
zerbröselt alle Hoffnung schon
Da, dieser Wald, die lila Bäume!
Ich schrei, dass ich sie nicht versäume!
Erreich sie nicht, was für ein Hohn!

Ich lieg im Schnee, verweht die Spuren,
die ich gesetzt vor kurzem noch
Der Blizzard streicht wie tausend Huren
hart über mich – es stehn die Uhren
Ich fall und fall ins tiefste Loch

Und bin schon wieder fortgegangen!
Nur immer weiter geradeaus!
Ob da was Neues angefangen?
Verklärtes Bild längst abgehangen!
Im Schneesturm endets wie ein Graus!

Am zugefrornen Teich des Todes
halt ich kurz an und denke nach
Verspeis den Rest des harten Brotes
Die Kälte nagt, ist gar nichts Frohes,
hält mich am Orte schwer in Schach

Doch weiter geht die weite Reise
Der Blizzard treibt mich arg voran
Ein Klagelied, mal laut mal leise
Ich träum von mancher Frühlingsweise
Und ziehe weiter, halt nicht an

Verwirrte Träume drohn behände
Die Nacht bricht in den schweren Sturm
Ins Leere greifen meine Hände
Hoff, dass die Kraft ich nicht verschwände
Und gleiche einem Regenwurm

Und bin schon wieder fortgegangen
Durch Schnee und Eis, mein Lebensweg
Für immer in manch Traum gefangen
Den Blizzard dennoch durchgestanden
Zieh hin, wo meine Sonne steht

Manch Spur

Manch Spur verwischt
Im Schnee
Im Regen
Manch Licht verlischt
Bei Nacht
Im Leben
Schon lang verweht
Im Wintersturme
Der letzte Traum
Vom Wolkenturme
Doch kommt schon bald
Ein neuer Morgen
Im Winterwald
Und ohne Sorgen
Die neue Spur
Im Feld, auf Wiesen
Bringt Hoffnung nur
Den Weg genießen
Bis das die Zeit
Nun bringt das Gute
Und Leben bleibt
Mit reinem Blute

Raus!

Du fühlst dich schlecht
Ein Schwindel nagt im Kopfe
Nichts ist dir recht
Fühlst dich als armer Tropfe

Du atmest schwer
Was macht die Seele müde?
Dein Blick scheint leer
Dein Leben – eine Lüge?

Geh an die Luft!
Lauf wieder durch die Straßen!
Das Leben ruft!
Du musst die Ängste lassen!

Winterwald

Heimlichkeit im Winterwald
Alles liegt so weiß, so schön
Ach, hier bleib ich jung, nicht alt
Lasst mich in den Wald jetzt gehn

Wenn der Schnee behände fällt
Samtig rieselt auf die Wege
Scheint so friedlich alle Welt
Und ich spür voll Freud, ich lebe

Manches Reh schaut scheu zu mir
Springt davon mit wilder Spur
Wie für Hirsch und Schwein und Tier
Ist der Wald mir eine Kur

Und ich atme tief und frei
Tannendüfte in mich ein
Sorgen, Nöte – einerlei
Hier nur kann ich glücklich sein

Weihnachtlicher Waldestraum
Zieht durch Seel´ und Herz und Hirn
Und von manchem dicken Baum
Fällt der Schnee mir auf die Stirn

Ach, hier möcht´ ich ewig sein
Dieser Wald gibt so viel Kraft
Waldeszauber – friedlich, fein
Ist für mich ein Lebenssaft!

Weihnacht

Weihnacht liegt in allen Gassen,
allen Straßen dieser Stadt
Weihnacht, es ist nicht zu fassen,
in den Häusern und den Straßen,
das so viel von Liebe hat

Weihnacht auch in meiner Seele,
meinen Wünschen, meinem Traum
Was ich tu, oft nicht verstehe,
bringt doch Freude, das ich lebe!
Ach, ich will nach vorne schaun!

Weihnacht auf der ganzen Erde,
überall für Mensch und Tier
Dass es Ruh und Frieden werde,
ohne Angst und manch Beschwerde
Weihnacht, daran glauben wir!

Weihnachtliches Sternenfunkeln
zieht in Herz und Leben ein
Lasst uns singen, tanzen, schunkeln,
von manch Engelskindern munkeln
Lasst uns weihnachtsglücklich sein

Hoffnung

Wo sind all die guten Jahre
Jene besten schönen Tage
Sind sie mit der Zeit vergangen
Oder lang schon abgehangen

Und es gehen all die Stunden
Und es heilen nicht die Wunden
Aus den Wolken fällt der Regen
Und es geht die Zeit, das Leben

Doch die Hoffnung wird nicht sterben
Denn es liegt noch nichts in Scherben
Manch ein Lichtstrahl bringt dir Freude
Es wird besser
Morgen - Heute

5	Weihnachtsengel
6	Wege
7	Aufstehen
8	Gedanke
10	Gewissheit
11	Nacht
12	Oft sehnt ich mich
13	Übers Feld
14	Was ist´s
15	Weihnachtswunsch
16	Flucht
19	Ende
21	In meinem Keller
23	Nach Hause
25	November
26	Anderer Ort
28	Worte
29	Wünsche
30	Am Meer
32	An Gott
33	Die Angestellte
35	Die Fee
36	Er
37	Der Schauspieler
39	Mein Weg
41	Resignation
43	Im Wald
45	Schlaflos
47	Weihnachtsgeschichte
51	Heimgang
52	Träne
53	Manchmal vielleicht

55	Regenguss
56	Absturz
57	Sturm
58	Kalter Winter
61	Abschied?
63	Wenn
65	Erinnerungen
67	Alte Frau
68	Der letzte Sommer
70	Besuch am Grab
71	Einst
72	Der Fremde
74	Träume der Erinnerung
77	Phoenix
81	Für meine Mama
82	Star
84	Erinnerungen
88	Nordwind
90	Flammen
91	Der Tote
92	Vogel
93	Menschenleeres Haus
94	Unterm Baum
95	Hofgang bei Nacht
97	Septemberhymne
98	Der Taxifahrer
102	Die Herde
104	Die Abhängige
106	Tony – oder so
110	Der Autist
113	Soldaten-Sang
116	Die Barfrau

119	Die Wahrsagerin
122	Die Hafenbar
125	Der Achttausender
129	Der Dicke
133	Watt
135	Der Elefant
138	Am Deich
139	Blizzard
142	Manch Spur
143	Raus!
144	Winterwald
145	Weihnacht
146	Hoffnung

149

Wo die Weißkopfadler kreisen
Wo die Städte riesig sind
Wo die Menschen friedlich reisen
Fühl ich mich fast wie ein Kind

Dass die Welt will neu entdecken
Jenes Land – so weit und schön
Will hier meine Träume wecken
Endlich durch San Diego gehn

Stadt der Engel – unergründlich
Hollywood, ein Märchenland
Ach, hier leb ich unermüdlich
California – Heimatland

Von New York bis San Francisco
Hier gerät mein Herz in Brand
Glück und Frieden – ja, das ist so
USA, mein Wunderland